公務員試験【高卒程度・社会人】

らくらく
総まとめ

判断・数的推理

［判断推理（課題処理）／数的推理（数的処理）／文章理解・資料解釈］

資格試験研究会 編 実務教育出版

本書の構成と使い方

本書の構成

　本シリーズは，高等学校卒業程度（初級），社会人区分の公務員試験を短期間で攻略するための要点整理集です。

● 本書の特長

　◎よく出るテーマ・よく出る知識を厳選！

　出題された過去問を分析し，よく出ているテーマを厳選することにより，試験で問われるポイントを効率よくまとめています。テーマの重要度を「☆」で表しているので，メリハリをつけて学習できるようになっています。

　◎読み流して周回速度アップ！

　本書は教科書のように読み流すことができるので，試験本番まで時間のない方や受験勉強が久しぶりの方でも，スピーディーに科目のポイントをおさらいすることが可能です。

　◎過去問で出題形式をチェック！

　各テーマの最後に「過去問にチャレンジ」を設け，実際の試験ではどのように知識が問われるのかを確認できるようになっています。

● 使い方のヒント

　本シリーズのテーマの分類は，過去問集の定番シリーズとなっている**「初級スーパー過去問ゼミ」に準拠**しているので，「初級スーパー過去問ゼミ」と併用して学習することで，より一層理解を深めることができます。

　本試験まで時間のない人は**「☆☆☆」のテーマを優先して学習**し，「☆」は直前期に目を通しておくといった学習法をお勧めします。１ページにあまり時間をかけずに，まずは１冊を通して取り組んでみてください。そして１度読み終えたらそれで終わりにせず，**何度も周回する**ようにしましょう。何度も周回することで知識の定着化が図れます。

　通学・通勤などのスキマ時間を活用し，本書を繰り返し読み込んで，知識のマスターをめざしましょう！

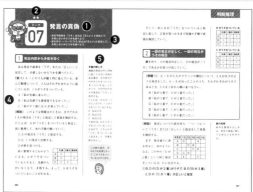

❶ テーマタイトル

テーマ分類は「初級スーパー過去問ゼミ」シリーズに準拠しています。

❷ テーマの重要度

各テーマの初めに,そのテーマがどのぐらい重要なのかを☆で表しています。学習に当たって,☆☆☆のところは最優先でマスターしましょう。

☆☆☆ … どの試験にも出題される重要なテーマ

　☆☆ … 比較的重要なテーマ

　　☆ … 一部の試験のみで出題されるテーマ

❸ 学習のポイント

各テーマの出題傾向と学習に当たっての注意点を解説しています。ここを意識しながら学習することで,何を覚えるべきなのかがわかるため,より効率的に進められます。

❹ 本文

各テーマを教科書のように流れに沿って学べるようにしてあります。

読み流すように進められるので,1回で理解しようとせずに,何度も周回してください。

文章だけでなく,表や図形を用いて視覚からも理解を促しています。

❺ 補足

文中に出てくる専門用語や公式などの細かい知識を補足・解説しています。

サッと目を通しておくと,文中の理解もより深まり,調べる時間を短縮できるので学習がさらに効率的になります。

CONTENTS

公務員試験
[高卒程度・社会人]らくらく総まとめ

判断・数的推理
目次

Chapter **03** 文章理解・資料解釈

251

試験名の表記について

- 国家一般職／税務／社会人 …… 国家公務員採用一般職試験［高卒者試験］
  ［社会人試験（係員級）］，税務職員採用試験，
  国家公務員採用Ⅲ種試験
- 地方初級 ……………………… 地方公務員採用初級試験（道府県・政令指定
  都市・市役所・消防官採用試験［高卒程度］）
- 東京都 ………………………… 東京都職員Ⅲ類採用試験
- 特別区 ………………………… 特別区（東京23区）職員Ⅲ類採用試験
- 東京消防庁 …………………… 東京消防庁消防官Ⅲ類採用試験
- 警視庁 ………………………… 警視庁警察官Ⅲ類採用試験

判断推理（課題処理）

ここが出る！ 最近の出題傾向

判断推理は問題文中の条件を手がかりに「判断力」「推理力」を駆使して正答を導き出す科目である。なお，国家一般職などでは判断推理が「課題処理」という名称になっている。

国家一般職では「命題の真偽」「対応関係」「順序関係」「相互の位置関係」などが頻出。地方初級では「操作の方法」「点の移動と軌跡」「展開図とその応用」が頻出だが，さまざまな分野からバランスよく出題されている。警視庁は「対応関係」からの出題が非常に多い。東京消防庁は「暗号の解読」や「命題の真偽」がほぼ毎年出題されるほか，「対応関係」「発言の真偽」の出題が多い。

ここに注意！効果的な学習法

Point❶ 早めに取り組んで，得意科目にしよう！

判断推理は，得意な人とそうでない人の得点力に大きな差が出るので，合否を分けるポイントになりやすい。早く始めれば得意科目にすることは決して難しくないので，後回しにせず，なるべく早くスタートを切ろう。

Point❷ 「解法パターン」を身につけよう！

命題なら「三段論法」，対応関係なら「対応表の作成」，展開図なら「面の移動」というように，それぞれのテーマには，決まった解法パターンがある。「この問題はどのパターンかな？」と考えながら解くようにしよう。

Point❸ スピードより正確さを優先しよう！

判断推理のポイントは，与えられた条件を見落とさず，1歩1歩推論を進めていくことにある。「できるだけ短時間で解けるようになりたい」と思うのは当然であるが，初めは，じっくり時間をかけて解法パターンを理解しよう。

Point❹ 「場合分け」に強くなろう！

いくつかの場合に分けて推理を進めていく作業は面倒で地味な作業だが，精密な場合分けを要する問題が多いのも事実。どこで，どのように場合分けするのか，どこまでが確実にいえることなのかを正確に見極められるようになろう。

数的推理(数的処理)

　数的推理は数字を扱う能力,数によってものごとを考える力が問われる科目である。なお,国家一般職などでは数的推理が「数的処理」という名称になっている。

　国家一般職はバランスよく出題されているが,「濃度・割合・比」「速さ」「仕事算・ニュートン算」といった「方程式・不等式の応用」の問題が頻出。地方初級・警視庁・東京消防庁では「数の計算」がよく出題される。また国家一般職同様,「方程式・不等式の応用」からの出題も多い。特別区では「図形」,地方初級では「場合の数」「確率」の問題が頻出となっている。

ここに注意!効果的な学習法

Point ❶ 数学が苦手な人でもだいじょうぶ!

　問題の多くは,きちんと方程式を立てて丁寧に計算すれば解けるようにつくられている。使われる公式や定理は基本的なものが多いので,数学が苦手な人や数学の勉強から遠ざかっていた人でも,慣れれば対応できるレベルである。

Point ❷ なるべく数多くの問題をこなそう!

　大切なのは,公式の丸暗記ではなく,公式をどこでどのように使うかを理解することである。問題の指示に従って,いかに素早く式を立てられるかが合否を分ける。そのためには,多くの問題を解いて勘を養うことだ。

Point ❸ 図を書いてみよう!

　条件として与えられた数量や,解法の途中で導き出した数量を図に表しながら考えることで,素早く正確に正答たどりつくことができる。線分図など,数量を図形のイメージに置き換えて考えることにも慣れておこう。

Point ❹ 公式だけに頼るな!

　文章題や順列・組合せなどでは,方程式や公式などを使わずに解いた方が早く解ける場合もある。一つ一つ「数え上げる」方法や,選択肢の数字を当てはめてみる方法など,問題を解いていく中で,正答を導くための持久力も養おう。

文章理解・資料解釈

ここが出る！ 最近の出題傾向

　文章理解の問題形式は「要旨把握」「内容把握」「空欄補充」「文章整序」の4つである。内容把握の問題が一番多く，次に要旨把握が多い。空欄補充と文章整序は現代文においては毎年出題されるものの，英文においてはあまり見られない。

　資料解釈では数表・グラフともに「実数・割合」「指数・構成比」といったテーマがよく出ており，数的推理の応用のような問題も見られる。

ここに注意！ 効果的な学習法

Point ❶ 文章理解（現代文）：論理的な文章を読む習慣をつけよう

　新聞の社説やコラムなど，普段から論理的な文章を読んでおきたい。ただ読み流すのではなく，筆者の主張やキーワードなどを整理しながら精読する練習を積んでほしい。文庫本や話題の本を積極的に読んでみるのも効果的だ。

Point ❷ 文章理解（英文・古文）：文章全体の趣旨をつかむことが大切

　全訳は求められないので，細部にこだわらず，文章全体の趣旨をつかむことが大切である。英文では，大学入試用の副読本や英字新聞の学生版を読んでおこう。古文は出題数が少なく基礎的な内容がほとんどなので，深入りせず，常識で解ける範囲で取り組もう（※古文については本書では扱っていない）。

Point ❸ 資料解釈：資料の見方をしっかり押さえよう

　資料を正確に読み取ることが重要である。数表・グラフの読み方や，指数，構成比，増減率などの数量の特徴を理解しておこう。資料の隅々まで気を配り，資料から判断できるものとできないものを見極める判断力を養いたい。

Point ❹ 資料解釈：要領よく計算するテクニックを押さえよう

　素早く解くためには，面倒な計算をいかに省略するかがポイントである。計算に時間を取られすぎないように，概算を利用したり，割り算をかけ算で処理したり，多くの問題に当たってみて，その要領をつかんでほしい。

01

判断推理
（課題処理）

暗号の解読

・暗号の種類を押さえて，攻略の選択肢を理解しよう。
・もとの言葉が直接暗号化されているか，変換して暗号化されているかを判断しよう。
・よく使われる暗号表はまず書いてから解き進めよう。

1 暗号の種類

　普通の文章を，ある一定の規則で他の文字に置き換えたものを**暗号**という。基本的なパターンを覚えておこう。複数のパターンを組み合わせることもある。

①**置き換え**：暗号表などを利用して，文字，数字，記号などに置き換える方法。

②**挟み込み**：まったく関係のない文字や単語などを間に入れる方法。

③**順序変え**：文字や数字などの順序を変える方法。

④**図形の利用**：暗号化して，さらに暗号の一部の文字や数字を，規則的な図形で記号化する方法。

挟み込み
たとえば，「ひつじ」を「HITUJI」に変換して暗号を作るときの，挟み込む一例として，「XHYIZTXUYZZI」などが考えられる。

2 規則の発見

　暗号の字数ともとの文章の字数との対応から規則性を探ろう。

①**種類**：ひらがな，カタカナ，漢字，アルファベット，簡単な英単語，ローマ字表記

②**対応**：1 対 1，1 対多，偶数個 対 奇数個

ただし「挟み込み」では文字数の対応が不規則になる。

また，p.14 の 50 音表「あ」は「01」と 2 文字になって 1 対 2 対応だが，0 を省略して「1」と表記するとア行の仮名だけ 1 対 1 対応で，他の仮名は 1 対 2 対応になることがある。50 音表の場合は，ア行の仮名の読み取りに注意が必要である。

対応の注意点

「秋田」は「011231」と「11231」が考えられる。

3 もとの文章の変換

もとの言葉をそのまま暗号化したのか，別の文字に換えて暗号化したのかを正しく判断しよう。

たとえば，「ひつじ」を暗号化する場合，暗号化の方法として，

・「ひつじ」を直接暗号化する
・「羊」に換えて暗号化する
・「HITUZI」に換えて暗号化する
・「SHEEP」に換えて暗号化する

などが考えられる。

いずれも，文字数の確認が判断の手がかりになる。「とうきょう」は「TOKYO」に変換するか「TOUKYOU」に変換するかも考慮する。

TOKYOは英語・一般的なローマ字表記，TOUKYOUはひらがなの文字に対応したローマ字表記です。

4 よく使われる暗号表

① **50 音の数字化**：「あいうえお…わをん」の 50

50 音

00 〜 45 の番号を振ることもある。

ガ行やパ行など濁音・半濁音は問題によって対応が違ってくる。

音に01〜46の番号を振って単純に数字化する。

②アルファベットの数字化：「ABCD…WXYZ」のアルファベットに01〜26の番号を振って単純に数字化する。

③50音表

	0	1	2	3	4	5	6	7	8	9
1	あ	か	さ	た	な	は	ま	や	ら	わ
2	い	き	し	ち	に	ひ	み	…	り	…
3	う	く	す	つ	ぬ	ふ	む	ゆ	る	…
4	え	け	せ	て	ね	へ	め	…	れ	…
5	お	こ	そ	と	の	ほ	も	よ	ろ	を

④アルファベット表

	1	2	3	4	5	6	7
1	A	B	C	D	E	F	G
2	H	I	J	K	L	M	N
3	O	P	Q	R	S	T	U
4	V	W	X	Y	Z	…	…

③④の表のパターン

行や段を示す記号は、数字だけでなくアルファベットも考えられる。

アルファベット表

アルファベット表は左の表のような「7×4」だけでなく、「13×2」、「5×5」なども考えられる。最大の数字に注目してパターンを押さえる。

〔**例題1**〕 「やまなし」の暗号が「36 31 21 12」であるとき、暗号「08 31 35 20」が示す言葉は何か。

〔**解説**〕 一の位に5より大きい数があることから50音表の可能性は低い。最大の数が36だから①のパターンを考えると、12番目が「し」、21番目が「な」、31番目が「ま」36番目が「や」とわかる。暗号「08 31 35 20」は「くまもと」である。

対応が1対1で、50音では後半の「や」が36だから、③の50音表には当てはまりません。

〔**例題2**〕 「岩手」の暗号が「24 53 11 45 15」、「宮城」の暗号が「33 24 55 11 22 24」のとき、「愛媛」の暗号は何か。

〔**解説**〕 「岩手」の暗号が5つで「宮城」の暗号が6つであることと、「岩手」の「い」がア行で

あることに注目する。ローマ字表記で,「IWATE」の1文字目の24と3文字目の11が「MIYAGI」の2文字目,6文字目の24と4文字目の11と一致するので,11がAで24がIとわかる。Aが11でIが24だから,④のアルファベット表の「5×5」のパターンと考えられる。残りの文字が当てはまることを確認する。「愛媛」は「EHIME」だから,「15 23 24 33 15」である。

暗号の数の違いに注目しましょう。

	1	2	3	4	5
1	A	B	C	D	E
2	F	G	H	I	J
3	K	L	M	N	O
4	P	Q	R	S	T
5	U	V	W	X	Y

Aが11と表されているので,Iを24と表すアルファベット表を実際に作ってみます。

〔例題3〕 「TRIP」の暗号が「4P 2P 5D 3M」のとき,暗号「5B 5M 1D 3B 4J」が示す言葉は何か。

〔解説〕 暗号の数字とアルファベットの組合せの意味を考える。アルファベットの置き換えとして,「ずらし置き換え」のパターンがある。通常同じ数だけずらすことが多いが,表記の数だけずらしてみると,Pの4つ後ろがT,Pの2つ後ろがR,Dの5つ後ろがI,Mの3つ後ろがPとわかる。同様にアルファベット化すると「GREEN」であることがわかる。

4Pと2Pの違いを考えよう。数の差が2で,TはRの2つ後ろにあることに注目して!

No.1 ある暗号で「くまもと」を「技，針，銀，移」，「さいたま」を「肌，付，私，針」と表すとき，「括，休，和」が表す地名はどれか。

【警視庁】

1 こうち **2** ながの **3** あいち

4 いわて **5** えひめ

No.2 ある暗号で「ヒラメ」が「±0＋1 −1＋1 ±0−1 −2＋2 ±0±0 ＋2＋2」，「コイ」が「−2±0 ＋2±0 −1＋1」で表されるとき，同じ暗号の法則で「−1＋1 ±0−2 −2＋2 −1−1 −1＋1」と表されるのはどれか。【特別区】

1 イサキ **2** イワシ **3** ウナギ

4 サンマ **5** マグロ

正答と解説

No.1 の解説

平仮名の数と暗号の漢字の数が一致し，「ま」を示す漢字が一致する。漢字を40字以上解析するのは不可能に近いので，まず50音表を考える。タ行の「た」を表す「私」と「と」を表す「移」，マ行の「ま」を表す「針」と「も」を表す「銀」を比べる。タ行が「のぎへん」，マ行が「かねへん」と考えて，50音表にまとめると，ア段を表す漢字のつくりが2画〜オ段を表す漢字のつくりが6画であるとわかる。「括」は「てへん」でつくりが6画，「休」は「にんべん」でつくりが4画，「和」は「のぎへん」でつくりが3

画だから，「括，休，和」は「こうち」を表すので，**1** が正答である。

　ちなみに，「にんべん」の漢字がア行，「てへん」の漢字がカ行，「のぎへん」の漢字がタ

	イ	‡	月	禾	…	…	金	…	…	…
2	あ	か	さ	た	な	は	ま	や	ら	わ
3	い	き	し	ち	に	ひ	み	…	り	…
4	う	く	す	つ	ぬ	ふ	む	ゆ	る	…
5	え	け	せ	て	ね	へ	め	…	れ	…
6	お	こ	そ	と	の	ほ	も	よ	ろ	を

行を表すとわかれば，「カ行，ア行，タ行」と平仮名が並ぶ言葉は「こうち」しかないので，**1** が正答と判断できる。

No.2 の解説

　「ヒラメ」の暗号が６つで「コイ」の暗号が３つであることと，「コイ」の「い」がア行であることに注目する。ローマ字表記で，「HIRAME」の２文字目の「−1+1」が「KOI」の３文字目の「−

	−2	−1	±0	+1	+2
+2	**A** →	B →	C →	D →	**E**
+1	J ←	**I** ←	**H** ←	G ←	F
±0	**K** →	L →	**M** →	N →	**O**
−1	T ←	S ←	R ←	Q ←	P
−2	U →	V →	W →	X →	Y

1+1」と一致するので，〔例題2〕のアルファベット表を考える。Aに当たる「−2+2」と比較的近いEに当たる「+2+2」に右の+2が共通し，HとIの左の+1，KとMとOの左の±0がそれぞれ共通する。文字も−2〜+2までの５種類なので，右の「5×5」で，横の並びが左側，縦の並びが右側として組み合わせる。HとIの左側の順が入れ替わっていることに注目すると，2行目と1行目の左側の順が逆であるとわかる。「−1+1　±0−2　−2+2　−1−1　−1+1」は「IWASI」で **2** が正答とわかる。

　ちなみに，「ISAKI」の４番目と「KOI」の１番目が一致しない段階で，アルファベットとわかっていれば「イサキ」が当てはまらないことから，消去法で「IWASI」の **2** が正答とわかる。

★★

テーマ 02 **集合の要素と数**

・条件に合う整数の数を，集合でとらえよう。
・ベン図とキャロル表を使いこなそう。
・条件をもとに，要素の数の範囲を考えよう。

1 倍数の数とベン図

　範囲がはっきりした「もの」の集まりを**集合**といい，集合を構成している一つ一つのものを，その集合の**要素**という。たとえば，次の**ベン図**で，集合 A を m の倍数，集合 B を n の倍数とすると，

$a = \{m$ の倍数だが，n の倍数でない数の集合$\}$

$b = \{n$ の倍数だが，m の倍数でない数の集合$\}$

図1

A　　B

a　c　b

d

$c = \{m$ の倍数で，かつ，n の倍数の集合$\}$

　$= \{m$ と n の公倍数の集合$\}$

$d = \{m$ でも n でも割り切れない数の集合$\}$

$a + b + c = \{m$ または n の倍数の集合$\}$

となる。

> **ベン図**
> 複数の集合の関係を図として表したもの。図1の c は2つの円が重なる部分で，「A と B の両方に属する要素」に対応する。

〔**例題1**〕　2の倍数であり，かつ6の倍数でない2ケタの自然数の個数を求めよ。

〔**解説**〕　1 〜 99 の2の倍数の個数は，

$99 \div 2 = 49 \cdots 1$ より 49 個で，そのうち4個は1ケ

タの数である。

1 〜 99 の 6 の倍数の個数は，

$99 \div 6 = 16 \cdots 4$ より 16 個で，そのうち 1 個は 1 ケタの数である。

求める個数は，$(49-4)-(16-1)=30$〔個〕

2 ベン図とキャロル表

集合 U を**全体集合**，集合 $\overline{A}$ を集合 A の**補集合**という。右のベン図では，$a+d+f+g$ が集合 A を，$b+c+e+h$ が集合 $\overline{A}$ を表す。

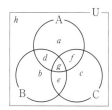

キャロル表の要素の数の配置

図2

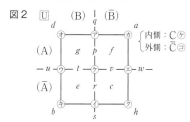

内側：C ㋖
外側：$\overline{C}$ ㋙

㋐ $= g+d+f+a = p+q = \{$集合Aの要素の数$\}$

㋑ $= e+b+c+h = r+s = \{$集合$\overline{A}$の要素の数$\}$

㋒ $= g+d+e+b = t+u = \{$集合Bの要素の数$\}$

㋓ $= f+a+c+h = v+w = \{$集合$\overline{B}$の要素の数$\}$

㋖ $= g+e+c+f$

$= p+r=t+v = \{$集合Cの要素の数$\}$

㋙ $= d+b+a+h$

$= q+s=u+w = \{$集合$\overline{C}$の要素の数$\}$

キャロル表

1つ目の条件を横に区切り，2つ目の条件を縦に区切り，3つ目の条件を四角形の内側と外側で区切る。たとえば，図2を「保険の加入」に置き換えると，f の人は「A保険に加入し，B保険に未加入で，C保険に加入している人」ということになる。

キャロル表の見方

線上の数は2種類の要素の数の和を表す。

$p=g+f$
$r=e+c$
$t=g+e$
$v=f+c$
$q=d+a$
$s=b+h$
$u=d+b$
$w=a+h$

交点上の数は4種類の要素の数の和を表す。

㋐$=g+d$，㋕$=f+a$ を表すから，

㋐+㋕$=g+d+f+a=$㋐

㋖$=e+b$，　㋘$=c+h$

を表すから，

㋖+㋘$=e+b+c+h=$㋑

同様に，

㋐+㋖$=$㋒

㋕+㋘$=$㋓

$$⑦+④=⑦+④$$
$$=⑦+⑨=\{全体集合Uの要素の数\}$$

〔**例題2**〕　ある小学校の児童100人の調査で以下のことがわかった。このとき，犬と猫とウサギの3種類の動物をすべて飼っている児童の数を求めよ。

　ア　犬を飼っている児童は40人で，そのうち猫も飼っている児童は10人である。

　イ　猫を飼っている児童は30人で，そのうちウサギも飼っている児童は15人である。

　ウ　ウサギを飼っている児童は20人で，そのうち犬も飼っている児童は12人である。

　エ　犬も猫もウサギも飼っていない児童は38人である。

〔**解説**〕　ベン図で解く場合

アより，

$a+d+f+g=40\cdots\cdots①$

$d+g=10\cdots\cdots②$

イより，

$b+d+e+g=30\cdots\cdots③$

$e+g=15\cdots\cdots④$

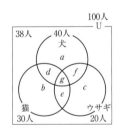

ウより，

$c+e+f+g=20\cdots\cdots⑤$

$f+g=12\cdots\cdots⑥$

gが重ならないように，

①－②より，$a+f=30\cdots\cdots⑦$

③－④より，$b+d=15\cdots\cdots⑧$

⑤－⑥より，$c+e=8\cdots\cdots⑨$

方程式は個別の文字の値を求めて解く場合と，文字のかたまりの値を求めて解く場合があります。たとえば，⑦，⑧，⑨を代入してgを求めるような手順に慣れる必要があります。

$(a+f)+(b+d)+(c+e)+g+38=100$だから，

⑦，⑧，⑨より，

$$30+15+8+g+38=100$$
$$91+g=100$$
$$g=9〔人〕$$

〔**別解**〕 キャロル表で解く場合

キャロル表に表すと，次のようになる。

⑦ $=100-30=70$

⑦ $=40-10=30$

⑦ $=$⑦$-$⑦
　　$=70-30=40$

⑦ $=20-15=5$

⑦ $=$⑦$-38=40-38=2$

⑦ $=$⑦$-$⑦$=5-2=3$

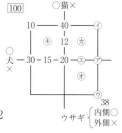

ウサギ $\begin{cases} 内側○ \\ 外側× \end{cases}$

よって，⑦ $=12-$⑦$=12-3=9〔人〕$

集合と補集合が対になっている次の〔**例題3**〕
は，キャロル表のほうが補集合をとらえやすい。

ウサギを飼っていない外側の合計 100 −20＝80 は，この問題では不要です。

解き慣れた解法で解いてかまいません。ただし，両方の解き方を知っておくほうが問題への対応力は上がります。特に警視庁試験などではよく取り扱われているので注意が必要です。

〔**例題3**〕 美術館のある日の来客者は合計285人だった。この来客者
について以下のことがわかっている。大人の女性と女の子どもの数の
合計を求めよ。

・大人の男性は112人である。

・日本人の子どもは65人である。

・大人の女性は58人である。

・外国人の大人は外国人の子どもより15人多い。

・男の子どもは女の子どもより15人多い。

〔**解説**〕 キャロル表で表すと，次のようになる。

$⑦ = 112 + 58 = 170$　$\boxed{285}$

$④ = 285 - ⑦$

$\quad = 285 - 170 = 115$

$⑨ = 115 - 65 = 50$

$⑤ = ⑨ + 15$

$\quad = 50 + 15 = 65$

$⑥ + ⑦ = ④ = 115$

$\quad → ⑥ + (⑥ - 15) = 115 → ⑥ = 65$

$⑦ = ⑥ - 15 = 65 - 15 = 50$

$⑧ = ⑦ - ⑤ = 170 - 65 = 105$

$⑨ = ⑧ + 65 = 105 + 65 = 170$

$⑩ = 112 + ⑥ = 112 + 65 = 177$

$⑪ = 285 - ⑩ = 285 - 177 = 108$

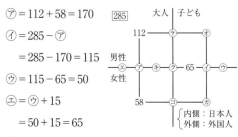

大人の女性と女の子どもの合計は⊐で 108 人と

わかる。

3 要素の数の範囲

全体集合 U の部分集
合 A，B について，

$\overline{A \cap B} = \overline{A} \cup \overline{B}$

$\overline{A \cup B} = \overline{A} \cap \overline{B}$

が成り立つ。これを，

ド・モルガンの法則という。

①ド・モルガンの法則で，A∩B∩C の補集合は，

$\overline{A \cap B \cap C} = \overline{A} \cup \overline{B} \cup \overline{C}$ だから，A∩B∩C の要

素の数と $\overline{A} \cup \overline{B} \cup \overline{C}$ の要素の数の和は，全体集

合の要素の数になる。

⊐＝58＋カ
＝58＋50＝108
とも計算できます。

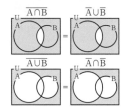

共通部分と和集合

集合 A と集合 B の両方
に属する要素全体の集
合を A と B の共通部分
といい，A∩B と表す。
また，集合 A と集合 B
の少なくとも片方に属
する要素全体の集合を
A と B の和集合といい，
A∪B と表す。

②集合が重複する部分の要素が最小になる場合
は，補集合の要素の数の和の最大を考える。

〔例題4〕　ある会社の社員50人のうち，北海道旅行の経験者が41人，
京都旅行の経験者が39人，沖縄旅行の経験者が35人いる。このとき，
3か所すべて旅行した社員の最少人数を求めよ。

〔解説〕　北海道旅行の経験がない社員は，

$$50 - 41 = 9〔人〕$$

京都旅行の経験がない社員は，$50 - 39 = 11〔人〕$

沖縄旅行の経験がない社員は，$50 - 35 = 15〔人〕$

行ったことのない所が少なくとも1か所はある
社員の数の最大値は，だれも重複しない場合の，

$$9 + 11 + 15 = 35〔人〕$$

3か所すべて旅行した社員の最少人数は，

$$50 - 35 = 15〔人〕$$

$$\overline{A \cap B \cap C} = \overline{A} \cup \overline{B} \cup \overline{C}$$

集合Aの要素の数を，
$n(A) = a + d + f + g$とする
と，$n(A \cap B \cap C) = g$だか
ら，$\overline{A \cap B \cap C}$について，

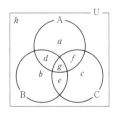

$$n(\overline{A \cap B \cap C}) = a + b + c + d + e + f + h \cdots ①$$

また，A，B，Cのそれぞれの補集合について，

$n(\overline{A}) = b + c + e + h$, $n(\overline{B}) = a + c + f + h$,

$n(\overline{C}) = a + b + d + h$, だから，

$$n(\overline{A} \cup \overline{B} \cup \overline{C}) = a + b + c + d + e + f + h \cdots ②$$

よって，①，②より，$\overline{A \cap B \cap C} = \overline{A} \cup \overline{B} \cup \overline{C}$

No.1

　　　　　ある大学の学生 100 人を対象に英語，仏語（フランス語），独語（ドイツ語）の履修状況を調査した。次のア～ウのことがわかっているとき，英語，仏語，独語のいずれも履修していない学生の妥当な人数はどれか。　　　　　　　　　　　　　　　【東京消防庁・改題】

　ア　英語，仏語，独語をそれぞれ履修している学生は，38 人，42 人，40 人だった。

　イ　英語と仏語，仏語と独語，独語と英語のそれぞれ 2 か国語を履修している学生は，13 人，12 人，15 人だった。

　ウ　英語のみ，仏語のみ，独語のみをそれぞれ履修している学生の合計は 55 人だった。

1　11 人　　**2**　13 人　　**3**　15 人　　**4**　17 人　　**5**　19 人

No.2

　　　　　A チームと B チームのラグビーのある試合の観客 250 人すべてを大人と子どもに分けて調査した。観客は必ず A チームか B チームのどちらか 1 チームを応援し，必ずメガホンとうちわのどちらか 1 つだけを持っている。調査の結果次のことがわかった。　　【東京都・改題】

　ア　A チームを応援した観客は 138 人だった。

　イ　メガホンを持っていた観客は 159 人で，そのうち 72 人が A チームを応援した大人だった。

　ウ　観客のうち，うちわを持っていた子どもは 11 人だった。

　エ　うちわを持って A チームを応援した大人の観客は 37 人だった。

　オ　うちわを持って B チームを応援した観客は，大人が子どもより 36 人多かった。

メガホンを持って A チームを応援した子どもの人数はどれか。

1　17 人　　**2**　19 人　　**3**　21 人　　**4**　23 人　　**5**　25 人

正答と解説

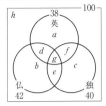

No.1 の解説

アより，$a+d+f+g=38\cdots$①，$b+d+e+g=42\cdots$②

$\qquad c+e+f+g=40\cdots$③

イより，$d+g=13\cdots$④，$e+g=12\cdots$⑤，$f+g=15\cdots$⑥

ウより，$a+b+c=55\cdots$⑦

①－④で $a+f=25\cdots$⑧，②－⑤で $b+d=30\cdots$⑨，③－⑥で $c+e=25\cdots$⑩

したがって，⑧＋⑨＋⑩で，$(a+b+c)+(d+e+f)=80$

この式に⑦を代入して，$55+(d+e+f)=80$，$d+e+f=25\cdots$⑪

また，①＋②＋③より，$(a+b+c)+2(d+e+f)+3g=120$

この式に⑦，⑪を代入して，$55+2\times25+3g=120 \rightarrow 3g=15 \rightarrow g=5\cdots$⑫

したがって，⑦，⑪，⑫より，$h=100-(a+b+c)-(d+e+f)-g$

$\qquad\qquad\qquad\qquad =100-55-25-5=15$〔人〕

よって，**3** が正答である。

No.2 の解説

キャロル表で表すと，次のようになる。

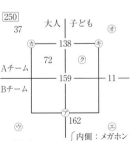

$\qquad$ ㋐＝$250-138=112$，㋑＝$250-159=91$

$\qquad$ $37+$㋒$+($㋓＋㋔$)=$㋑$=91$

$\rightarrow 37+$㋒$+11=91 \rightarrow$ ㋒$+48=91 \rightarrow$ ㋒$=43$

オより，㋓＝㋒$-36=43-36=7$

$\qquad$ ㋔＝$11-$㋓$=11-7=4 \qquad$ ㋕＝$72+37=109$

$\qquad$ ㋖＝$138-$㋕$=138-109=29 \qquad$ ㋗＝㋖－㋔$=29-4=25$〔人〕

よって，**5** が正答である。

★★★

テーマ 03

命題の真偽

- 正しいか正しくないかを判断するときは、「〜ならば」の形に整理してみよう。
- 命題P→Qに対して、その逆・裏・対偶を正しく作れるようにしよう。
- 3つ以上の命題があるときは、三段論法を正しく使えるようにしておこう。

1 命題と集合の関係

ある事柄を述べた文章があるとき，その文章が正しいか正しくないかがはっきりと決められるものを**命題**という。命題は「PならばQ」の形で表され，「P→Q」と書く。たとえば「4は偶数である」のとき，「4→偶数」と書く。

命題が正しいときは**真**，正しくないときは**偽**という。

命題は，集合に置き換えたほうがわかりやすくなる場合がある。

〔**例**〕 命題「犬は動物である」に対して，

命題P：犬
命題Q：動物
} P→Q

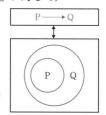

このとき，

犬の集合　→P
動物の集合→Q
} P⊂Q

となり，命題は集合に対応させることができる。

集合とは，「集まり」のことです。

包含関係
2つの集合P, Qについて，Pに属するものがすべてQにも属するとき，「PはQの部分集合である」という。このような関係を包含関係ともいう。

2 命題の否定と逆・裏・対偶

命題「PならばQ」に対し，「QでないならPでない」という命題を**対偶**という。

命題に対して，その逆・裏・対偶を正しく作

れるようにする。命題Pの否定を$\overline{P}$で表すとき，命題$P \rightarrow Q$に対して，

逆　　$Q \rightarrow P$

裏　　$\overline{P} \rightarrow \overline{Q}$

対偶　$\overline{Q} \rightarrow \overline{P}$

このとき，逆，裏は必ずしも正しいとは限らないが対偶は常に正しい。これは，集合図と対応させてみるとわかる。

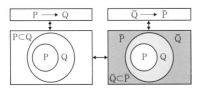

3 命題の「かつ」と「または」

2つの命題を「**かつ**」や「**または**」で結びつけて新しい命題を作ったとき，それらが正しいか，正しくないか判断できるようになろう。

2つの命題P，Qに対して，

PかつQ　$\rightarrow P \wedge Q \Leftrightarrow$ 集合で$P \cap Q$

PまたはQ　$\rightarrow P \vee Q \Leftrightarrow$ 集合で$P \cup Q$

命題とその対偶の真偽
命題の真偽と対偶の真偽は一致する。

逆・裏・対偶
命題「犬は動物である」について，逆，裏，対偶は以下のように表すことができる。
逆「動物なら犬である」
裏「犬でないなら動物でない」
対偶「動物でないならば犬ではない」
上の文で，逆と裏はどちらも偽，対偶が真である。逆と裏は対偶の関係になるので，真偽は一致する。

命題の「かつ」
$P \wedge Q \Leftrightarrow$ 集合で$P \cap Q$

〔**例題1**〕　少年たちがお祭りに行き，スーパーボールすくいをしたところ，取れたボールの色は，赤，青，黄，緑の4色だった。次の**ア〜ウ**のことがわかっているとき，確実にいえるのはどれか。

　ア　赤を取った人は青と黄も取った。

　イ　青を取っていない人は黄を取った。

　ウ　黄を取った人は緑を取っていない。

1 青と緑を取った人がいる。

2 青と黄を取った人は赤を取った。

3 黄を取っていない人は緑を取った。

4 緑を取った人は青を取っていない。

5 緑を取った人は赤を取っていない。

〔解説〕 与えられた命題を記号で表すと，

　アより，赤→青∧黄（青∩黄）…①

　　　$\overline{青∩黄}$→$\overline{赤}$…①の対偶

　　　$\overline{青}∪\overline{黄}$→$\overline{赤}$…①のド・モルガンの法則

　イより，$\overline{青}$→黄…②，$\overline{黄}$→青…②の対偶

　ウより，$\overline{黄}$→$\overline{緑}$…③，緑→黄…③の対偶

　選択肢 **1** と **3** は，①，②，③につながらない。

2 は，**ア**の逆なので確実に真とはいえない。**4** と

5 において，①の対偶と③の対偶より，緑→$\overline{黄}$→

$\overline{赤}$　よって，**5** が正答である。

4 三段論法

　3つの命題 P，Q，R があって，

　　　P→Q かつ Q→R のとき，P→R

が成り立つ。たとえば，

①外国語を話せない人は，海外旅行が好きではない。

②太郎は外国語を話せない。

③よって，太郎は海外旅行が好きではない。

　この命題を記号化すると，①「$\overline{外}$→$\overline{海}$」，②「太
→$\overline{外}$」，③「太→$\overline{海}$」となる。したがって，「太→
$\overline{外}$」かつ「$\overline{外}$→$\overline{海}$」のとき，「太→$\overline{海}$」が成り立つ。

TRY! ▶ 過去問にチャレンジ

No.1　ある会社の社員について，次のことがわかっているとき，論理的に確実にいえるのはどれか。　【国家一般職／税務／社会人】

・市外から通勤している社員は，自動車で通勤していない。

・自動車で通勤している社員は，早出勤務をしていない。

・早出勤務をしている社員は，市外から通勤していない。

・通勤時間が1時間以上の社員は，自動車で通勤しているか，または，市外から通勤している。

1　市外から通勤している社員は，早出勤務をしている。

2　市外から通勤していない社員は，通勤時間が1時間未満である。

3　自動車で通勤している社員は，市外から通勤している。

4　自動車で通勤していない社員は，早出勤務をしている。

5　早出勤務をしている社員は，通勤時間が1時間未満である。

No.2　次のA～Dの推論のうち，論理的に正しいもののみを挙げているのはどれか。　【国家一般職／税務／社会人・改題】

A：ピアノを習っている人は，音楽が好きである。

　　ピアノを習っている人は，ギターも習っている。

　　したがって，音楽が好きな人は，ギターも習っている。

B：水泳が得意な人は，バスケットボールも得意である。

　　バレーボールが得意な人は，バスケットボールが得意ではない。

　　したがって，水泳が得意な人は，バレーボールが得意ではない。

C：ハムもチーズも好きな人は，パンも好きである。

　　ピクルスが好きな人は，チーズが好きではない。

　　したがって，ピクルスが好きではない人は，パンも好きではない。

D：バイクが好きな人は，自動車も自転車も好きである。

　　電車が好きではない人は，自動車も好きではない。

　　したがって，バイクが好きな人は，電車も好きである。

1　A，B

2　A，C

3　B，C

4　B，D

5　C，D

正答と解説

No.1 の解説

与えられた命題を順に**ア**〜**ウ**とすると，

ア「市外→$\overline{自動車}$」，対偶は「自動車→$\overline{市外}$」

イ「自動車→$\overline{早出勤務}$」，対偶は「早出勤務→$\overline{自動車}$」

ウ「早出勤務→$\overline{市外}$」，対偶は「市外→$\overline{早出勤務}$」

エ「1時間以上→$\overline{自動車}$∪市外」，対偶は「$\overline{自動車}$∪市外→$\overline{1時間以上}$」

さらに**エ**の対偶は，ド・モルガンの法則より，

「$\overline{自動車}$∩$\overline{市外}$→$\overline{1時間以上}$（1時間未満）」

それぞれの選択肢を順に検討していく。

1は，**ウ**の対偶より導けない。**2**は，**エ**の対偶（ド・モルガンの法則）はあるが推論はできない。**3**は，**ア**の対偶より導けない。**4**は，**2**と同様で推論はできない。**5**は，**ウ**と**イ**の対偶より，「早出勤務→$\overline{自動車}$∩$\overline{市外}$」が成り立ち，**エ**の対偶より，ド・モルガンの法則により導くことができる。

よって，**5**が正答である。

三段論法を使い，順に調べていく。

Aは，ピ→音（対偶は音→ピ），ピ→ギ（対偶はギ→ピ）　よって，音→ギ（対偶はギ→音）は導けない。

Bは，水→バス（対偶はバス→水），バレ→バス（対偶はバス→バレ）　よって，水→バレ（対偶はバレ→水）は，バレ→バス→水として導くことができる。

Cは，ハ∩チ→パ（ハ→パ，チ→パで，対偶はパ→ハ，パ→チ），ピ→チ（対偶はチ→ピ）　よって，ピ→パは導けない。

Dは，バ→動∩転（バ→動，バ→転，対偶は動∩転→バ，ド・モルガンの法則により動∪転→バ），電→動（対偶は動→電）より，バ→動→電として導くことができる。

よって，**4**が正答である。

ピ＝ピアノ，音＝音楽，ギ＝ギター，バス＝バスケットボール，バレ＝バレーボール，水＝水泳，ハ＝ハム，チ＝チーズ，パ＝パン，ピ＝ピクルス，バ＝バイク，動＝自動車，転＝自転車，電＝電車

★★★

テーマ
04

対応関係

- 対応関係を正しくつかみ，対応表を作ろう。
- 考えられる組合せはすべて記入しよう。
- 表に空欄が残ったときは，「いえること」と「いえないこと」を正しく見分けよう。

1 対応についての表を作る

対応表は，次のような形にまとめるのが基本である。対応関係を正しくつかもう。

A と⑨は対応しない場合

⇒ A と⑨の交わったところに×を記入

	⑦	⑦	⑨
A			×
B			
C			

B と⑦は対応する場合

⇒ B と⑦の交わったところに○を記入

	⑦	⑦	⑨
A		×	
B	×	○	×
C		×	

※1対1対応の場合は，B の行，⑦の列はすべて×を記入

> 表を作るときは，情報を整理できるように，人の名前，はちまきの色などで見出しを作りましょう。

〔**例題 1**〕 A, B, C の3人のはちまきの色について，次のことがわかっている。このとき，C のはちまきの色は何色か。

- 3人のはちまきの色は，赤，青，黄のいずれかで，同じ色の人はいない
- A のはちまきの色は赤ではない。
- B のはちまきの色は青である。

〔**解説**〕 表に条件を整理していく。表1のように，A と赤の交わるところに×を書く。次に，B と青の交わるところに○を書き，残りの B の行，青

の列にはすべて×を書く。

　表2のように，赤の列は，AとBが交わるところが×なので，Cと交わるところに○を書き，表を完成させる。

　よって，Cのはちまきの色は赤とわかる。

条件に注意して，左のような表を作り，表の行や列を増やしてすべて記入できるようにします。このとき，重複や数え忘れがないように，ルールを決めて順に記入するようにしましょう。

表1

	赤	青	黄
A	×	×	
B	×	○	×
C		×	

表2

	赤	青	黄
A	×	×	○
B	×	○	×
C	○	×	×

　何通りかの場合が考えられるときは，表の行や列を増やして，考えられる組合せをすべて記入する。

〔例題2〕　クラブの活動日は，月曜日から土曜日までの連続しない3日間である。活動日のパターンは何通りあるか。

〔解説〕　月曜日に活動をする場合は，火曜日にはできないので，次の活動日は水曜日，または，木曜日以降となる。

月	火	水	木	金	土
○	×	○	×	○	×
○	×	○	×	×	○
○	×	×	○	×	○
×	○	×	○	×	○

このように，○を記入したら右隣に×を書いて重複しないようにすると上の表のようになる。火曜日に活動する場合も同様にする。よって，パターンは4通りとわかる。

　条件を使って対応表を作っていくと矛盾に突き当たることがある。このときは，矛盾しないように表を埋めていく。

〔例題3〕 ある高校で，A～Gの7人に所属している部活動について質問した。次の**ア～カ**のことがわかっているとき，確実にいえることとして，最も妥当なのはどれか。

ア A～Gの7人は，バレー部，野球部，吹奏楽部，美術部のいずれか1つに所属しておりバレー部と野球部，吹奏楽部には2人ずつ所属している。

イ B，D，Eの3人はそれぞれ異なる部活動に所属している。

ウ Aは吹奏楽部に所属している。

エ Bはバレー部にも野球部にも所属してない。

オ FとGは同じ部活動に所属している。

1 Bは美術部に所属している。

2 Cはバレー部に所属している。

3 Dは野球部に所属している。

4 Eは吹奏楽部に所属している。

5 CとDは同じ部活動に所属している。

〔解説〕 A～Gの7人と4つの部活動についての対応表を作る。条件**ア**，**ウ**，**エ**および条件**オ**より，整理すると表1のようになる。条件**オ**では，FとGが同じ部活動に所属していることから，F，Gは吹奏楽部でも美術部でもないことがわかる。

表1

	バレー	野球	吹奏楽	美術
A	×	×	○	×
B	×	×		
C		×		
D				
E				
F			×	×
G			×	×
人数	2人	2人	2人	1人

対応表は通常，縦に人名，横に他の情報を並べたものを作りますが，今回のように人数が多い場合は縦長の対応表となるので，この並びを逆にした横長のものにしても問題はありません。

　ここで，F，Gの2人がともに表2のようにバレー部とすると，野球部の2人がD，Eと決まってしまう。これは条件イに矛盾する。よって，F，Gの2人は野球部となるので，決まるところを記入すると，表3のようになる。よって，選択肢をチェックすると，**2**が正答とわかる。

今回のように，部活動に所属している生徒の人数なども考慮する場合は，行を増やして備考として書いておくといいです。

表2

	バレー	野球	吹奏楽	美術
A	×	×	○	×
B	×	×		
C	×	×		
D	×			
E	×			
F	○	×	×	×
G	○	×	×	×
人数	2人	2人	2人	1人

表3

	バレー	野球	吹奏楽	美術
A	×	×	○	×
B	×	×		
C	○	×	×	×
D		×		
E		×		
F	×	○	×	×
G	×	○	×	×
人数	2人	2人	2人	1人

2 対応表は埋まらないことがある

　対応表に空欄が残ってしまったときは，「**いえること**」と「**いえないこと**」を正しく見分けよう。〔**例題3**〕の表3のように対応表の欄はすべて埋まらないことがある。この問題の選択肢の**1**，**4**，**5**は，空欄部分に関する内容であり，判断不可能なので正答にはならない。

TRY! ▶ 過去問にチャレンジ

No.1 あるクラスのA〜Eの5つの班が，美術館，博物館，動物園，水族館のうち，見学する施設を各班1か所だけ決めた。今，次のア〜カのことがわかっているとき，確実にいえるのはどれか。 【特別区】

ア A班，B班は，美術館には行かない。

イ B班，C班は，動物園には行かない。

ウ D班，E班は，博物館と水族館には行かない。

エ D班が行く施設には，D班ともう1つの班だけが行く。

オ E班は，他の班と同じ施設には行かない。

カ 動物園に行くのは，1つの班だけである。

1 A班は博物館に行く。

2 B班は水族館に行く。

3 C班は美術館に行く。

4 D班は動物園に行く。

5 E班は美術館に行く。

No.2 A〜Dの4人が受講している夏期講習では，受講者が1時間目，2時間目，3時間目に英語，国語，理科，社会の4科目からそれぞれ任意の1科目を選んで受講することになっている。次のことがわかっているとき，確実にいえるのはどれか。ただし，同一の科目を複数回受講した者はいなかったものとする。 【国家一般職／税務／社会人】

・AとBは，1時間目は互いに異なる科目を受講したが，2時間目は一緒に英語を，3時間目は一緒に国語を受講した。

・C，Dは，他の人と，同じ時間には同じ科目を受講しなかった。

・Cは国語を受講しなかった。また，Dは社会を受講しなかった。

1 Aは，1時間目に理科を受講した。

2 Bが1時間目に受講した科目は，Cが2時間目に受講した科目と同じだった。

3 Cが1時間目に受講した科目は，Dが3時間目に受講した科目と同じだった。

4 Cは，3時間目に英語を受講した。

5 4人全員が理科を受講した。

正答と解説

No.1 の解説

条件ア～ウより，行かない施設に×を記入する。条件エより，D班が行く施設には他の班も行くので，美術館に決まり，E班は美術館でなく動物園に行き，D班とともに美術館に行く班はC班とわかる。表と選択肢をチェックすると，**3**が正答とわかる。

	美術館	博物館	動物園	水族館
A	×		×	
B	×		×	
C	○	×	×	×
D	○	×	×	×
E	×	×	○	×
班			1班	

No.2 の解説

条件より，A，Bは2時間目に英語，3時間目に国語を受講しているので，1時間目は理科または社会とわかる。C，Dは同じ時間に他の人と同じ科目を受講しないので，1時間目にCは英語，Dは国語を受講する。よって，表と選択肢をチェックすると，**3**が正答とわかる。

	1時間目	2時間目	3時間目
A	理／社	英語	国語
B	社／理	英語	国語
C	英語	社会	理科
D	国語	理科	英語

順序関係

- 数値で示されている場合は，基準を決めて表そう。
- 順序や順位は直線上に点で表して整理しよう。
- 選択肢と比較して調べてみよう。
- 条件は図や表にわかりやすくまとめよう。

1 順序関係を判断させる問題

順序や順位を考えるとき，条件にその差が数値として示されていないときは，それを→（←）によって表し，並び方を調べる。

〔**例題1**〕 A，B，C，Dの4人が待ち合わせ場所についた順について，次のことがわかっている。このとき，Dは何番目に着いたか。

- 同時に着いた人はいない。
- CはBより先に着いた。
- DはAとBよりも後に着いた。

〔**解説**〕 （早く着いた人）←（後に着いた人）と決めて条件を整理する。

CはBより先に着いたから，

C←B……①

DはAとBよりも後に着いたから，

A←D，B←D……②

このとき，①，②から，C←B←Dと結びつくが，A←Dしかわからないと，

C←B←A←D

C←A←B←D

A←C←B←D

書き方のルール

到着に関する問題では，「早く到着」⇔「遅く到着」の書き方を各自でルールを決めて間違えないようにすることが重要である。

の3通りに分かれる。いずれにしてもDが4番目に着いたことがわかる。

　順序や順位の差が数値で示されているときは,実数値で表したり, ＋1, ＋2, ……, −1, −2, ……のように表すと扱いやすい。

〔例題2〕　4つの整数A, B, C, Dがある。次のことがわかっているとき, A, B, C, Dを大きい順に並べなさい。

　・AはBより5大きい。
　・BとCの差は3。
　・DはAより7小さい。
　・CとDの差は1。

〔解説〕　AはBより5大きいから,

$$A=B+5\cdots\cdots①$$

　BとCの差は3なので,

$$C=B-3, \text{ または, } C=B+3\cdots\cdots②$$

　DはAより7小さいから,

$$D=A-7=(B+5)-7=B-2\cdots\cdots③$$

　CとDの差は1なので, ②, ③から, C＝B−3のとき, C−Dの値は,

$$(B-3)-(B-2)=-1\cdots\cdots④$$

　したがって, CがDより1小さいことがわかる。また, C＝B＋3のとき, C−Dの値は,

$$(B+3)-(B-2)=5$$

となり矛盾する。よって, 大きいほうから順に, A, B, D, Cとわかる。

順序関係の考え方
「AとBの差が3」のような場合は,
　・AがBより3大きい。
　・BがAより3大きい。
2通りの場合について考える。

条件から最後まで順序や順位を決められないときは，何通りかの可能性が出てきた段階で選択肢のほうから攻めていくのも実戦的である。

〔例題3〕 A〜Gの7人が空港で待ち合わせをした。今，空港に到着した順番について，次の**ア〜エ**のことがわかっているとき，確実にいえるのはどれか。ただし，同時到着はなかった。

ア Aは，Eの次に到着した。

イ Bは，Gより前に到着し，BとGの間には，1人が到着した。

ウ Aは，4〜6番目，Gは，5〜7番目のいずれかに到着した。

エ FとCは，Bより前に到着した。

1 Bは4番目に到着した。　　2 Cは最初に到着した。

3 Dは6番目に到着した。　　4 Fは2番目に到着した。

5 Gは5番目に到着した。

〔解説〕 条件からわかる順序をまとめる。

アよりE−A，**イ**よりB−□−G

これらの条件と**ウ**のGの条件を合わせると，次の場合が考えられる。

Gが5番目→ E−A−B−□−G−□−□……①

　　　　　　□−□−B−□−G−E−A……②

Gが6番目→ E−A−□−B−□−G−□……③

　　　　　　□−E−A−B−□−G−□……④

Gが7番目→ E−A−□−□−B−□−G……⑤

　　　　　　□−E−A−□−B−□−G……⑥

　　　　　　□−□−E−A−B−□−G……⑦

となるので，**ウ**のAの条件（4～6番目）に合うのは⑦のみとわかる。そして，⑦に**エ**の条件を加えると，次の2通りに決まる。

F – C – E – A – B – D – G

C – F – E – A – B – D – G

よって，選択肢をチェックすると，**3**が確実にいえることがわかる。

3 図や表を使う

順序や順位は，数直線上の点で表すと視覚的に考えることができる。たとえば〔**例題2**〕の条件を直線上の点で表すと，次のようになる。

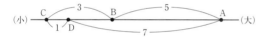

条件から，AはBより5大きく，Dより7大きいので，Aを基準にすると整理しやすい。

「BとCの差は3」「CとDの差は1」となる点をそれぞれ記入すると，どちらの条件にも当てはまる点ができる。よって，Dより1小さい点がCを表すことがわかるので，大きいほうから順に，A，B，D，Cとなる。

〔**例題3**〕の条件エ「FとCは，Bより前に到着した」などの場合に，次の図のように整理して選択肢からチェックすることもできる。

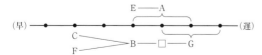

図・表
直線上の点で表したり，樹形図などで表して整理して正答を見つけることもある。

No.1 いずれも異なった年齢であるA～Fの6人について次のことがわかっているとき，確実にいえるのはどれか。

ア　6人が年齢順に並んだとき，隣り合う者との年齢差はそれぞれ異なり，その値は2，3，4，5，6のいずれかであった。

イ　Aは最も年長で40歳であり，Cは最も年少で20歳であった。

ウ　AとAの次に年齢の高い者との年齢差は6歳であった。

エ　AとFの年齢差とCとDの年齢差は同じであり，DとFの年齢差は4歳であった。

オ　BとEの年齢差の値はBとCの年齢差の値の2倍未満であった。

カ　EはDとFより年上であった。　　　　　　【国家一般職／税務／社会人】

1　BとCの年齢差は5歳であった。

2　DとEの年齢差は6歳であった。

3　EとFの年齢差は2歳であった。

4　2番目に年齢が高いのはBであった。

5　3番目に年齢が高いのはFであった。

No.2 ある会議に出席したA～Gの7人が，会議室に入室した順番について，次のことがわかっているとき，正しいのはどれか。

ア　CはEの次に入室した。

イ　FはDの次に入室した。

ウ　CとFの入室の間に3人が入室した。

エ　AはBより後に入室したが，Gより先に入室した。

オ　Bの入室は1番目ではない。

カ　Fの入室は6番目ではない。　　　　　　　　　　　　【東京都】

1 E は A の次に入室した。

2 D は B の次に入室した。

3 B は C より後に入室したが，A より先に入室した。

4 B と E の入室の間に 3 人が入室した。

5 D の入室は 1 番目ではなく，G の入室は 7 番目ではない。

正答と解説

No.1 の解説

条件**イ**，**オ**，**カ**より，E
は B，C，D，F より年上，

つまり 2 番目に年齢が高いことがわかる。

したがって，条件**ウ**より，E の年齢は（40−6＝）34 歳である。

また，条件**エ**から，A，C，F，D の年齢の関係は，上の図の 2 通りが考えられる。最後に条件**オ**より，残った B の年齢は 25 歳に決まる（23 歳では条件**オ**を満たさない）。よって，**1** が正答である。

No.2 の解説

条件**ア**〜**ウ**より，次の①，②の 2 通りが考えられる。

E→C→□→□→D→F……①　　D→F→□→□→E→C……②

しかし，条件**カ**より①は当てはまらない。したがって，条件**エ**，**オ**を②に当てはめると，次のようになる。

D→F→B→A→E→C→G

よって，**1** が正答である。

★★
テーマ 06 試合の勝ち負け

- 試合の形式（リーグ戦・トーナメント戦）を確認しよう。
- リーグ戦形式は，まず成績表を作ろう。
- トーナメント戦では，「優勝者以外は必ず1回負ける」ことに注目しよう。

1 試合の形式を確認する

①リーグ戦形式→総当たり戦

n チームの試合数：$_nC_2 = \dfrac{n(n-1)}{2}$〔試合〕

②トーナメント戦形式→勝ち抜き戦

n チームの試合数：$n-1$〔試合〕

リーグ戦形式の考え方は，p.214「組合せ」を参照。

トーナメント戦形式
トーナメント戦では，1回の試合で1チームが負ける。つまり，n チームの優勝を決めるまでに，$n-1$ チームが負けることになる。

2 リーグ戦形式は成績表を作る

リーグ戦では，出場チームの勝敗の状況や，成績順位などが出題の中心になる。

条件は**ア，イ**，……のように示されていることが多いが，順序通りに使う必要はなく，埋めやすいものから使っていけばよい。

〔**例題1**〕　A〜Fの6チームによるサッカーの1回戦の総当たり戦が行われた。引き分けた試合はなく，最終的な結果について次のア〜オがわかっているとき，確実にいえるのはどれか。

　ア　AはDには負けたがFには勝った。

　イ　BはEには負けたがCにもFにも勝った。

　ウ　CはFには負けたがDには勝った。

　エ　2位のチームは4勝1敗であった。

オ　AはFより勝ち数が多かった。

1　AはBに勝った。　　　2　BはDに負けた。

3　CはAに負けた。　　　4　DはFに負けた。

5　FはEに勝った。

〔解説〕　条件ア～ウ
を成績表に整理する
と表1のようになる。
条件エより，2位の
チームが4勝1敗と
わかっているので，
1位のチームが5勝

表1

	A	B	C	D	E	F	勝	負
A				×		○		
B			○		×	○		
C		×				×		
D	○		×					
E		○						
F	×	×	○					

したことになる。表1より，5勝できるチームは
Eだけである。また，条件オでは，AはFより
も勝ち数が多いことから，Aが2勝か3勝かに
ついて考える。

Aが3勝した場合，
2位のチームの条件
である「1敗」のチー
ムがなくなってしま
うので条件に合わな
い。よって，Aは2
勝しかしないので，

表2

	A	B	C	D	E	F	勝	負
A		×	○	×	×	○	2	3
B	○		○	○	×	○	4	1
C	×	×		○	×	×	1	4
D	○	×	×		×	○	2	3
E	○	○	○	○		○	5	0
F	×	×	○	×	×		1	4

Fは1勝とわかる。ここまでを整理すると，表2
のようになる。

よって，選択肢を1つずつ検討すると，3が正
答とわかる。

リーグ戦形式

たとえば，A，B，Cの3
チームのリーグ戦の場
合は，次の図のような
成績表を作って整理す
る。

	A	B	C	勝ち数
A		○	×	1
B	×		×	0
C	○	○		2

リーグ戦の場合は，1
つの試合につき，対角
線に向き合って，対称
の位置に当たる2か所
に○×を記入する。こ
のとき，**対角線に対し
て○の反対側は×，×
の反対側は○となる。**

リーグ戦の成績表の
作り方

各チームの勝敗の数が
ポイントとなるので，
それぞれの数をまとめ
られる列を成績表に加
えるとよい。

3 成績表をチェックする方法

$$\begin{cases} \bigcirc\text{の数}=\times\text{の数}=\text{試合数（引き分けがない場合）} \\ \triangle\text{の数}=\text{偶数} \end{cases}$$

※○…勝ち数，×…負け数，△…引き分け数

〔**例題1**〕の場合，6チームの総当たり戦なので，試合の数は，${}_6C_2=15$〔試合〕

よって，勝ち数，負け数ともに15となる。

4 トーナメント戦形式は山型の図を使う

トーナメント戦は，最後に1つだけ優勝を決める試合形式である。そのため，優勝以外の順位（成績）は決まらない。

トーナメント戦では，優勝者や試合数が出題の中心となりますが，1つの試合の対戦相手や勝敗の状況なども出題されることがあります。

〔**例題2**〕 A～Hの8チームが，次の図のようなトーナメント戦でホッケーの試合を行った。今，次の**ア～カ**のことがわかっているとき，優勝と準優勝したチームの組合せを求めなさい。ただし，引き分けた試合はなかった。

ア 優勝チームの3試合の得点を合計すると，失点の合計よりも5点多かった。

イ AはBに5対3で勝った。

ウ CはHと対戦しなかった。

エ DはCに3対2で負けた。

オ EはFに8対3で勝った。

カ Hは2回戦に5対1で勝った。

〔解説〕 条件**カ**より，Hは決勝戦に進出する。ま

た，条件**ウ**，**エ**より，CはDに勝っているが，H
とは対戦していないので，Cは1回戦でDに勝ち，
2回戦で敗退していることになる。したがって，
Hとは別グループである。

例として，Cを①，Hを⑤，1回戦で勝ったチー
ムを③，⑦として条件を記入すると，表1のよう
になる。ここに，条件**ア**の得失点差（5点）の条
件を加えると，Hは優勝していないことがわかる。

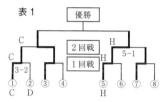

表1

さらに，条件**イ**，**オ**より，AはBと，EはF
と対戦し，AまたはEが2回戦でCに勝ち，決
勝戦でHに勝つことになる。ここで，Eも得失
点差（5点）の条件から優勝していないとわかる
ので，優勝チームはA，準優勝チームはHと決
まる。

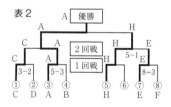

表2

トーナメント表の考え方

トーナメント表で入る
場所を次のように①～
⑧と決めて，①～④と
⑤～⑧の2つのグルー
プに分けて考える。

Hの得失点差

得失点差の条件を加え
ると，Hは2回戦だけ
で+4点である。1回
戦と決勝戦の2試合で
+5にすることはでき
ない。

Eの得失点差

得失点差の条件を，E
について考えてみる
と，Eは1回戦だけで
+5点となっている。
2回戦と決勝戦に勝ち
進み，得失点差を+5
点にすることはできな
い。

No.1　5つのサッカーチームA〜Eが総当たりのリーグ戦を行った。各試合の結果は，勝利，敗戦，引き分けのいずれかであり，各試合の勝ち点は勝利の場合は3点，敗戦の場合は0点，引き分けの場合は1点である。次のことがわかっているとき，確実にいえるのはどれか。

　ア　勝ち点の合計は，5チームで互いに異なっており，いずれも偶数であった。

　イ　Aチームの勝ち点の合計は，8点であった。

　ウ　引き分けの試合は，Aチーム対Bチーム，Aチーム対Cチームの2試合のみであった。

　エ　Dチームは，Aチームとは勝利数が，Cチームとは敗戦数が，それぞれ同じであった。　　　　　　　　　　　　　　【国家一般職／税務／社会人】

1　Aチームは，Dチームに敗戦した。

2　Bチームは，Eチームに勝利した。

3　Cチームの勝ち点は，6点であった。

4　Dチームの敗戦数は，1であった。

5　Eチームの勝利数は，4であった。

No.2　次の図の組合せでA〜Fの6人で囲碁の対戦をした。次のア〜オのことがわかっているとき，確実にいえるのはどれか。ただし，A以外の位置は明らかにされていない。　　　　　　　　　　　【警視庁】

　ア　Aは2回対戦した。

　イ　BはDに負けた。

　ウ　CはDに勝った。

　エ　FはCに勝った。

オ 3回対戦をした者はいない。

1 AはFに勝った。

2 Bは1勝した。

3 Cは決勝戦に進出しなかった。

4 DとEは対戦した。

5 Fが優勝した。

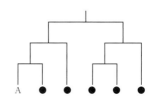

正答と解説

No.1 の解説

　条件**イ**，**ウ**より，AはDとEとの試合で勝ち点（8−1×2＝）6を取り，どちらもAが勝っている。そして，条件**エ**より，DはAと同じ2勝（引き分けなし）だから，勝ち点6。また，試合数が10，勝ち点合計が（3×8＋1×4＝）28であることから，条件**ア**より，BとCの勝ち点は4点または10点とわかる。よって，**2**が正答である。

	A	B	C	D	E	勝ち点
A		△	△	○	○	8点
B	△			○	○	10点
C	△	×		×	○	4点
D	×	×	○		○	6点
E	×	×	×	×		0点

○：勝利　　　　　計28点
×：敗戦
△：引き分け

No.2 の解説

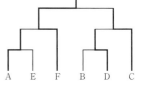

　条件**イ**，**ウ**，**エ**より，DはBに勝ってからCに負け，次に，Dに勝ったCがFに負けたことがわかる。したがって，CとFは決勝戦で対戦しているので，B，C，Dの3人はAとは別のグループであることがわかる。したがって，トーナメント表は右上のようになる。よって，**5**が正答である。

テーマ ★★
07 発言の真偽

- 発言や結果を「うそ」または「正しい」と仮定して，矛盾しないかどうかを調べよう。
- 表を作り，一つ一つ「うそ」または「正しい」と仮定して，矛盾しないかどうかを調べよう。

1 発言内容から矛盾を導く

　ある発言や結果を「うそ」または「正しい」と仮定して，矛盾しないかどうかを調べていく。

〔例〕A ～ C の 3 人が縦 1 列に並んでいる。並んだ順番について，3 人はそれぞれ次のように話しているが，1 人がうそをついている。

　A「私が先頭に並んだ。」

　B「私は先頭でも最後尾でもなかった。」

　C「私のすぐ前には A が並んでいた。」

〔解説〕　このような問題文のときは，まずだれか 1 人の発言を「うそ」と仮定して真偽を検討する。たとえば，A が「うそ」をついていると仮定し，表に整理して，次の手順で解いていく。

　① A の発言を「うそ」と仮定する。

　② B，C の発言と比較する。

　③ 矛盾を見つける。

　表に整理すると下のようになる。

	先頭	2番目	最後尾
A	×		
B	×		×
C	×	×	

　A がうそをついているとすると，先頭の人が

矛盾の探し方

複数の発言の中に同時に起こりえない内容がある場合，その内のだれかがうそをついていることになる。したがって，その内のだれかの発言を「うそ」と仮定する。

たとえば，次の A ～ C の 3 人のうち，1 人がうそをついているとする。

A：私は 2 位

B：私は 3 位

C：私は 2 位

であれば，A か C がうそをついていることになるので，どちらかが「うそ」をついていると仮定をして，矛盾を探せばよい。

この例の場合，次ページ右上の表のような結果となって，C がうそをついているとわかります。

いなくなり，矛盾する。よって，Aはうそをついていないことがわかる。

そして，次にBが「うそ」をついていると仮定し直して，正答が見つかるまで同様の手順で真偽を検討していく。

2 一部の発言が正しく，一部の発言がうその場合

表を作り，どの発言が正しく，どの発言が「うそ」であるかを見つけ出していく。

Bがうそをついている

	先頭	2番目	最後尾
A	○	×	×
B	×	×	○
C	×	○	×

Cがうそをついている

	先頭	2番目	最後尾
A	○	×	×
B	×	○	×
C	×	×	○

〔例題1〕 A～Eの5人のマラソンの順位について，5人が以下のような発言をした。A～Eが言ったことのうち，それぞれ半分がうそであるとき，5人を1位から順に並べなさい。

A「私が4着で，Dが1着だった。」
B「私が3着で，Dが2着だった。」
C「私が3着で，Eが4着だった。」
D「私が2着で，Cが1着だった。」
E「私が1着で，Cが4着だった。」

〔解説〕 発言についての表を作り，一つ一つについて「うそ」または「正しい」と仮定をして真偽を検討する。

まず，発言通りに表を作ると，右のようになる。この中の「Dが2着」という同じ発言

発言者	1位	2位	3位	4位	5位
A	D			A	
B			D	B	
C				C	E
D	C	D			
E	E			C	

をしているB，Dに注目する。

表の利用
条件を整理するときは，発言の真偽に関しても表などを利用する。

①B，Dの「Dが2着」がうそで，Bの「Bが3着」
　と Dの「Cが1着」が正しいと仮定

　　→ Cの「Cが3着」，Eの「Cが4着」がうそ
　　　ということになるので，Cの「Eが4着」，
　　　Eの「Eが1着」は正しい。

　　→ Dの「Cが1着」と矛盾する。

発言者	1位	2位	3位	4位	5位
A	D			A	
B		⊠	Ⓑ		
C			⊠	Ⓔ	
D	Ⓒ	⊠			
E	Ⓔ			⊠	

②B，Dの「Dが2着」が正しく，Bの「Bが3着」
　と Dの「Cが1着」がうそと仮定

　　→ Aの「Dが1着」がうそということにな
　　　るので「Aが4着」は正しい。

　　→ Cの「Eが4着」，Eの「Cが4着」がうそ
　　　ということになるのでCの「Cが3着」，E
　　　の「Eが1着」は正しい。

　よって，下の表のようになるので，完成するこ
とができる。

発言者	1位	2位	3位	4位	5位
A	⊠			Ⓐ	
B		Ⓓ	⊠		
C			Ⓒ	⊠	
D	⊠	Ⓓ			
E	Ⓔ			⊠	

　よって，Bが5着と決まり，1位から順に，
E→D→C→A→Bとわかる。

TRY! ▶ 過去問にチャレンジ

No.1　　A～Eの5人の生徒が遊んでいたところ，このうちの1人が誤って掲示物を破ってしまった。5人に話を聞いて，次のような発言があったとき，1人がうそをついているとすると，掲示物を破ったのはだれか。　　　　　　　　　　　　　　　　　　　　　　　　　　　　　【特別区】

A「私は破っていない。」

B「破ったのはAだ。」

C「破ったのはAかDだ。」

D「Bはうそをついている。」

E「破ったのはDだ。」

1 A　　**2** B　　**3** C　　**4** D　　**5** E

No.2　　A～Hの8人が囲碁のトーナメント戦に参加し，そのうちの1人が優勝した。だれが優勝したのかについて尋ねたところ，次のような回答があったが，8人のうち本当のことを言っているのは5人で，残りの3人がうそをついている。このとき，優勝した者として，最も妥当なのはどれか。　　　　　　　　　　　　　　　　　　　　　　　　　　　　　　【警視庁】

A「Fは本当のことを言っている。」

B「CかGが優勝した。」

C「私は優勝しなかった。」

D「優勝したのはEでもGでもない。」

E「私が優勝した。」

F「優勝したのはAかGだ。」

G「優勝したのはCかFだ。」

H「Gが優勝した。」

1 B　　**2** D　　**3** E　　**4** G　　**5** H

No.1 の解説

5人の発言についてまとめると，表1のようになる。

そして，Aがうそをついていると仮定すると，表2のようになるが，うそをついているBがいるので矛盾する。よって，この仮定は成立しない。

	A	B	C	D	E
A	×				
B	○				
C	△			△	
D	Bがうそ				
E				○	

表1

	A	B	C	D	E
A	○				
B	○				
C	△			△	
D	×				
E				○	

表2

次に，Bがうそをついていると仮定すると，表3のようになり，仮定が成立することがわかる。したがって，うそをついている人はBで，掲示物を破ったのはDであることがわかるので，よって **4** が正答である。

	A	B	C	D	E
A	×				
B	×				
C	△			△	
D	×				
E				○	

表3

No.2 の解説

8人の発言についてまとめると，次ページの表1のようになる。そして，Aがうそをついていると仮定すると，表2のようになる。したがって，A，

F，Hがうそつきということになるが，B，E，Gの発言が矛盾するので成立しない。

　よって，Aの発言は正しく，Fの「優勝したのはAかG」も正しいということになる。ここで，優勝者をAと仮定すると，B，E，G，Hの4人の発言がうそということになり，条件に反するので，優勝者はGに決まる。

　よって，**4**が正答である。

	A	B	C	D	E	F	G	H
A	△						△	
B			△				△	
C			×					
D					×		×	
E						○		
F	△						△	
G			△			△		
H							○	

表1

	A	B	C	D	E	F	G	H
A	×						×	
B			△				△	
C			×					
D					×		×	
E						○		
F	×						×	
G			△			△		
H							○	

表2

1 操作の手順を表に表す

問題文に示された手順を一つ一つ順に表にして埋めていく。

〔例題1〕 水がたくさん入った大きな水槽と，9L と 5L の空の容器がそれぞれ1つずつある。これらを用いて，9L の容器にちょうど8L の水を入れることにする。水をくんだり移し替えたりする操作の最も少ない回数として，正しいのはどれか。ただし，操作は次の**ア〜ウ**のいずれかで，すべて1回と数えるものとする。

ア どちらか一方の容器で，大きな水槽から水をくむ。

イ どちらか一方の容器から，他方の容器に水を移し替える。

ウ どちらか一方の容器から，大きな水槽に水を移し替える。

1　4回

2　5回

3　6回

4　7回

〔解説〕 操作の種類と 9L と 5L の水槽に入っている水の量について，表を使って整理すると，表のようになる。この表から，9L の容器に

回数	1	2	3	4	5	6
操作	ア	イ	ウ	イ	ア	イ
9L	9	4	4	0	9	8
5L	0	5	0	4	4	5

油分け算

この問題は油分け算と呼ばれるもので，ある量の水を2種類の容器を利用して指定した量の水を作る問題である。

8Lの水を入れるのに，最低6回の操作が必要な
ことがわかる。

〔別解〕 グラフを利用して整理する方法

　①上へ移動→水槽から9Lの容器へ

　②斜め下へ移動→9Lから5Lの容器へ

　③左へ移動→5Lの容器から水槽へ

　①～③のように線の引
き方を決めてグラフを書
くと，右のようになる。
6回目の操作の後の2つ
の容器の水量をグラフか
ら読み取ると，9Lの容
器に8L，5L容器に5L
入ることがわかる。

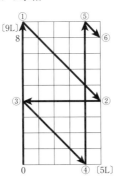

グラフの書き方
グラフを用いる方法
は，大きな容器に入れ
る場合に矢印を右へ移
動するものなど，書き
方はいろいろある。

〔**例題2**〕 1から5までの数字が1つずつ書かれた5枚のカードが，
左から1～5の順に並べてある。これらのカードに対して，図のよう
に「左端のカードを左から2枚目へ，右端のカードを中央へ」移動さ
せる。これを1回の操作とすると，カードの配置がもとどおりとなる
までに必要な操作の回数として，正しいのはどれか。

1　4回

2　5回

3　6回

4　7回

5　8回

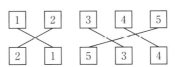

〔**解説**〕 左側の2枚と右側の3枚がそれぞれ別々
に位置が入れ替わるので，左側は2回で，右側

は3回でもとの位置に戻る。よって，右の表のような順序で5枚がもとの位置に戻る。つまり，6回（2と3の最小公倍数）の操作が必要であることがわかる。

初め	1	2	3	4	5
1回目	2	1	5	3	4
2回目	1	2	4	5	3
3回目	2	1	3	4	5
4回目	1	2	5	3	4
5回目	2	1	4	5	3
6回目	1	2	3	4	5

2 移動の手順を考える場合

移動の手順を考える問題では，何段階もの操作が行われる。それを1段階ごとに表や図に表して，変化を見ていく。

〔**例題3**〕 子どもは2人同時に乗れるが大人は1人しか乗れない小舟を1そうだけ使って，同じ岸にいる大人3人と子ども4人が川を渡るとき，全員が反対側の川岸まで渡り終えるのに必要な移動の最少回数として，最も妥当なのはどれか。ただし，移動手段は小舟のみで，小舟に大人と子どもが同時に乗ることはできず，小舟による一方の川岸から反対側の川岸までの1度の移動を1回とする。また，小舟で移動するには，大人3人と子ども4人のうち，最低1人が小舟に乗らなければいけないものとする。

1 15回

2 16回

3 17回

4 18回

5 19回

〔解説〕 最初に大人1人が小舟で反対側の岸まで行っても，再び，その大人は小舟に乗って戻ってこなければならないので，まず子ども2人で向かう必要がある。よって，大人1人を反対側に移動させるために必要な回数を考える。

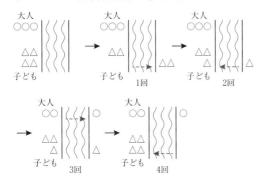

上の図のように，4回で大人1人が反対側の岸に移動できるので，3人の大人が全員移動するのに必要な回数は（4×3＝）12回とわかる。

次に，子ども4人全員が反対側の岸に移動するために必要な回数を考える。

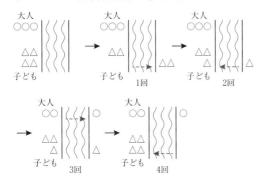

上の図のように，5回で子ども4人が移動できるので，全員が反対側の川岸まで渡り終えるのに

川渡りの考え方
川渡りの問題である。船に乗ることができる人数に制限があるので，両岸を何回往復するかを図示しながら考えていく。

移動の考え方
図示するときは，移動する対象に対して，記号などを決めておくとわかりやすい。
〔例〕大人　→○
　　　子ども→△　など

059

必要な最少回数は（12＋5＝）17回である。

3 操作の手順が式で与えられた場合

　3つの数 a，b，c があって，数 a を数 b に，数
b を数 c に，数 c を数 a にローテーションして変
えるとき，たとえば，Change(a，b，c) という
記号で表したとき，次のような問題がある。

〔例〕Change (1，2，3) → (3，1，2) のとき，

　　　Change (Change (2，5，6))

　　　　→ Change (6，2，5) → (5，6，2)

この種の問題では，次の手順を踏んで考えていく。

---

①式や操作の意味を正しく理解する。

②1回ごとに，結果を出す。

③その結果をもとに，次の結果を示す。

〔例題3〕　文字列の文字を変換する3つのスイッチ㋐～㋒があり，そ
れぞれ次のような文字変換を行う。

　㋐　文字列にあるすべての文字「a」を「b」に変換する。

　㋑　文字列にあるすべての文字「b」を「c」に変換する。

　㋒　文字列にあるすべての文字「c」を「a」に変換する。

　今，文字列「ab」を，㋐～㋒のスイッチを操作して文字列「cb」に
変換したい。このとき，スイッチを操作する最少回数と，最初に操作
するスイッチはどれか。ただし，いずれか1つのスイッチを操作する
ごとに1回と数えるものとする。

〔解説〕　文字列「ab」の状態から㋐のスイッチを　　　｜

操作すると「*bb*」となってしまい，この後2つの異なる文字が並ばない。⑦のスイッチは操作しても変化がないため，最初に操作するスイッチは⑦に決まる。

よって，操作の手順を調べていくと，次のようになる。

「*ab*」

1回：⑦→「*ac*」

2回：⑦→「*bc*」

3回：⑦→「*ba*」

4回：⑦→「*ca*」

5回：⑦→「*cb*」

したがって，文字列「*ab*」を，⑦～⑦のスイッチを操作して文字列「*cb*」に変換する最少回数は，5回とわかる。

文字列の変換

文字列を変換するときは，〔解説〕のように縦に並べて書くとわかりやすい。

No.1 ビンに 500mL のしょうゆが入っている。このしょうゆを 350mL と 150mL の空の容器を使って 250mL ずつに分けることにした。最少の回数で分けるには，何回の移し替え操作が必要か。ただし，しょうゆはビンに戻してもよく，ビンと容器との間および容器と容器との間でしょうゆを移すごとに 1 回の操作と考えるものとする。　【特別区】

1　7回　　**2**　9回　　**3**　11回

4　13回　　**5**　15回

No.2 A ～ C の 3 本の棒が板の上に立てられており，A の棒には中央に穴の開いた大きさの異なる 3 枚の円盤が下から大きい順に積み重ねられている。次のア，イのルールに従って，この 3 枚の円盤をすべて C の棒に移すには，最低何回の移動が必要か。

ア　円盤は 1 回に 1 枚だけ他の 2 本の棒のいずれかに移し替えることとする。

イ　小さい円盤の上に大きい円盤を重ねることはできない。

【特別区】

1　5回　　**2**　6回　　**3**　7回

4　8回　　**5**　11回

正答と解説

No.1 の解説

移し替えの順序を表に整理すると，次のようになる。

〔mL〕

	500mL のビン	350mL の容器	150mL の容器
初め	500	0	0
1 回目	150	350	0
2 回目	150	200	150
3 回目	300	200	0
4 回目	300	50	150
5 回目	450	50	0
6 回目	450	0	50
7 回目	100	350	50
8 回目	100	250	150
9 回目	0	250	250

最少で9回の操作が必要である。よって，**2** が正答である。

No.2 の解説

円盤を小さいほうから順に①，②，③とする。Cの棒に，円盤が上から順に①，②，③となるように操作の手順を考える。このとき，Cの棒には③，②，①の順に移し替える必要がある。

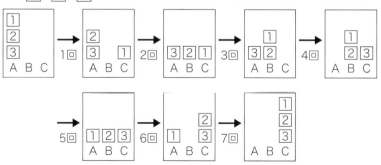

最少で7回の操作が必要である。よって，**3** が正答である。

★★★

テーマ
09

数量の関係

・数学的な方法や公式に慣れておこう。
・未知数を決めて，方程式や不等式を作って解を求めよう。
・「場合の数」「順列」「組合せ」を使い分けられるようになろう。

1 数的推理の方法を使う

さまざまな解法があるが，条件をよく読んで数について整理しよう。

〔**例題 1**〕 燃料をタンク容量まで満たした自動車がある。1日目はタンク容量の半分より15L 多く燃料を消費し，2日目は1日目に消費していない燃料の半分より10L 多く消費して運転したところ，残りの燃料は5L となった。この自動車の燃料のタンク容量は何L か。

〔**解説**〕 条件を図に整理すると，次のようになる。
10L と5L の合計が2日目に残った燃料の半分に当たるので，2日目に残った燃料は，

$$(10+5) \times 2 = 30〔L〕$$

この30L と15L の合計がタンク容量の半分に当たるので，この自動車の燃料のタンク容量は，

$$(30+15) \times 2 = 90〔L〕$$

と求められる。

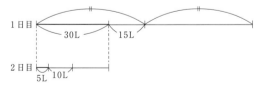

1日目 ├────────────30L────────────┤←15L→
2日目 ├5L┤←10L→

〔**別解**〕 自動車の燃料タンクの容量を x と置く

と，1日目に残った燃料は，

$$\left(x \times \frac{1}{2} - 15\right)$$

同様に，2日目に残った燃料は，

$$\left\{\left(x \times \frac{1}{2} - 15\right) \times \frac{1}{2} - 10\right\}$$

これが，5Lに当たるので，求める容量は，

$$\left\{\left(x \times \frac{1}{2} - 15\right) \times \frac{1}{2} - 10\right\} = 5 \rightarrow x = 90 〔L〕$$

xや□などを用いて考える方法
図を書いて求める方法以外にも，このように，求める量をxや□などと置いて，条件を整理して式に表しながら考える方法もある。

方程式や不等式を扱うもの

基本的な解法はしっかりと身に着けておこう。

① **1次方程式**を作って解を求める。
② **1次不等式**を作って範囲を求める。
③ **連立方程式**を作って解を求める。

〔例題2〕 花火大会でA～Eの屋台が販売した焼き鳥の本数について，次のア～オのことがわかった。3番目に多く売った屋台の焼き鳥の本数は何本か。

　ア　すべての屋台の販売数を合計すると346本だった。
　イ　Bが売った本数はAが売った本数の2倍である。
　ウ　Cは102本売った。
　エ　DはBより21本多く売った。
　オ　EはDより6本多く売った。

〔解説〕 A～Eの屋台が販売した焼き鳥の本数をそれぞれA，B，C，D，Eとして，条件を式

に表すと次のようになる。

ア→ $A+B+C+D+E=346$

イ→ $B=A\times2$

ウ→ $C=102$

エ→ $D=B+21$ より，$D=A\times2+21$

オ→ $E=D+6$ より，

$$E=(A\times2+21)+6 \rightarrow E=A\times2+27$$

C以外（B，D，E）の販売した本数は，すべてAを用いて表すことができているので，条件**ア**の式に代入してすべての屋台の販売数の合計を，Aを用いて表すと，次のようになる。

$$A+B+C+D+E$$
$$=A+A\times2+102+A\times2+21+A\times2+27$$
$$=A\times7+150=346$$

したがって，Aが販売した本数は，

$$A\times7+150=346 \rightarrow A=(346-150)\div7=28$$

よって，最も販売した店はC，2番目がE，3番目がDとわかるから，Dの販売した本数は，

$$D=28\times2+21=77〔本〕$$

2 数列を考えるもの

基本的な数列の公式は覚えておいたほうが便利である。

〔**例題3**〕 連続する6つの自然数があり，それぞれの2乗の和が2299である。6つの自然数の和はいくつか。

1次方程式を作る
未知数がたくさんあるような問題では，中心となる量に関係する式で表すと，1次方程式として求められる。

数列については，p.162「数列」を参照。

基本的な数列の和
①1からnまでのn個の自然数の和

$$\frac{1}{2}n(n+1)$$

②2から$2n$までのn個の偶数の和

$$n(n+1)$$

③1から$(2n-1)$までのn個の奇数の和

$$n^2$$

④$1^2$からn^2までのn個の2乗の和

$$\frac{1}{6}n(n+1)(2n+1)$$

⑤aからar^{n-1}までのn個の累乗の和

$$\frac{a(1-r^n)}{1-r}\ (r\neq1)$$

〔**解説**〕 6つの自然数を，$(x-3)$，$(x-2)$，$(x-1)$，x，$(x+1)$，$(x+2)$ とする。このとき，それぞれの2乗の和は，

$$(x-3)^2+(x-2)^2+(x-1)^2+x^2+(x+1)^2+(x+2)^2$$
$$=6x^2-6x+(9+4+1+1+4)=x^2-6x+19$$

したがって，

$$6x^2-6x+19=2299 \rightarrow x(x-1)=380$$
$$\rightarrow 20(20-1)=380$$

$x=20$ とわかる。よって，求める自然数の和は，

$$17+18+19+20+21+22=\frac{1}{2}\times6\times(17+22)$$
$$=117$$

等差数列の和

求める自然数の和は p.66「基本的な数列の和」の公式①を用いる。17 から 22 までの 6 個の自然数の和なので，

$$\frac{1}{2}\times6\times(17+22)$$

となる。

---

3 順列，組合せなどが何通りあるか考える

①**場合の数**：一つ一つ数え上げる。

②**順列**：n 個の異なるものから r 個選んで並べる。

③**組合せ**：n 個の異なるものから r 個選ぶ。

組合せの総数

n 人から r 人選ぶ選び方は，

$$_nC_r=\frac{n!}{r!\,(n-r)!}=\frac{_nP_r}{r!}$$

男子 5 人から 4 人選ぶ方法，女子 5 人から 4 人選ぶ方法は，それぞれ，

$$_5C_4=\frac{5!}{4!\,(5-4)!}$$
$$=5〔通り〕$$

〔**例題4**〕 男子5人，女子5人の中から4人の代表を選ぶとき，男子と女子がそれぞれ1人以上含まれる選び方は何通りか。

〔**解説**〕 10人から4人を選ぶ選び方は，

$$_{10}C_4=\frac{10!}{4!\,(10-4)!}=\frac{10\times9\times8\times7\times6\times5\times4\times3\times2\times1}{4\times3\times2\times1\times6\times5\times4\times3\times2\times1}=210〔通り〕$$

男子と女子がそれぞれ1人以上含まれる選び方は，4人の選び方から，男子4人または女子4人を選ぶ選び方を引いたものであるから，

$$210-5\times2=200〔通り〕$$

記号の意味などについては p.214「組合せ」，p.218「確率」を参照。

No.1 A ～ E の 5 つの袋がある。これらの袋は 1 枚 10g のコインだけがたくさん入っている袋か，1 枚 9g のコインだけがたくさん入っている袋かのいずれかである。A から 1 枚，B から 2 枚，C から 4 枚，D から 8 枚，E から 16 枚，合計 31 枚のコインを取り出して重さをはかったところ 290g であった。このとき，1 枚 10g のコインだけが入っている袋のみをすべて選んだものとして，最も妥当なのはどれか。

【東京消防庁】

1 A と B と C

2 A と B と D

3 C と D

4 B と E

5 E のみ

No.2 雑貨店で買物をし，千円の紙幣 1 枚，五百円の硬貨 4 枚，百円の硬貨 6 枚，五十円の硬貨 8 枚のうち，いずれかの通貨を組み合わせて，ちょうど 2100 円を支払うとき，通貨の組合せは全部で何通りあるか。

【東京都】

1 13 通り

2 14 通り

3 15 通り

4 16 通り

5 17 通り

正答と解説

No.1 の解説

取り出した 31 枚のコインがすべて 10g だとすると，重さの合計は，(10×31＝)310〔g〕になる。しかし，実際には (310－290＝)20〔g〕少なかったので，31 枚のコインの中にある 9g のコインの枚数は，

20÷(10－9)＝20〔枚〕

したがって，10g のコインの枚数は，

31－20＝11〔枚〕

それぞれの袋から取り出したコインの枚数の合計が 11 枚になる組合せは，A1 枚，B2 枚，D8 枚の組合せだけなので，1 枚 10g のコインだけが入っている袋は，A，B，D とわかる。よって，**2** が正答である。

No.2 の解説

紙幣および硬貨の枚数に制限がある。これに注意して合計が 2100 円になる組合せを考えると，次のようになる。

千円	1	1	1	1	1	1	1	0	0	0	0	0	0	0
五百円	2	2	1	1	1	1	1	4	4	3	3	3	3	3
百円	1	0	6	5	4	3	2	1	0	6	5	4	3	2
五十円	0	2	0	2	4	6	8	0	2	0	2	4	6	8

全部で 14 通りとわかる。よって，**2** が正答である。

列挙するときは，額の大きいものから並べるなど，漏れやダブリが起こらないように気をつける。

テーマ 10 経路と距離

- 数え上げるときは，交差点ごとに最短経路の数を順に記入しよう。
- 通行禁止などがあるときは，全体から通行禁止場所を通る場合を引いて求めよう。

1 道順の問題

道路網を与えて，一定の条件を満たす経路が何通りあるかを考える問題である。

 数え上げていく方法

各交差点に，出発点からその交差点まで行く最短経路の数を出発点に近いほうから順に記入していく方法である。

〔**例題1**〕 右の図のような碁盤目状の街路網において，AからBまで最短経路で行く道順の数は何通りあるか。

〔**解説**〕 交差点ごとにその交差点まで行く道順の数を記入すると，次のようになる。上に動くことを↑，右に動くことを→で表すと，AからBまで最短経路で行く道順は，全部で35通りあることがわかる。

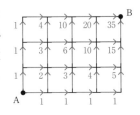

和の法則

碁盤目状の道をAからBまで最短経路で行く場合，縦方向には必ず上（↑），横方向には必ず右（→）に進む。したがって，次のように，交差点ごとに道順を加えて求めていけばよい。

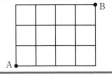

1つの道を通る方向が一定でないとき

たとえば，A⇒BとB⇒Aの両方の動き方が
認められる場合，**樹形図**を書いて考えていく。

〔例題2〕　右の図において，A点を出発して，
同じ点を2回以上通らないで点Fまで行くとき，
道順の数は何通りあるか。

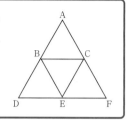

〔解説〕　樹形図を書いて調べると,次のようになる。

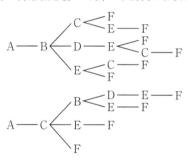

求める道順の総数は，6＋4＝10〔通り〕

順列・組合せの応用

同じものを含む順列または組合せの公式を用い
る。〔**例題1**〕の経路は「↑↑↑→→→→」や
「↑→↑→↑→→」などで表される。つまり，A
からBまで最短経路で行く道順は，3つの↑と4
つの→の組合せで表されるので，その総数は，合
計7回の動きのうちどの3つが↑であるかを選べ

道路網が不規則な場合

このような問題の場合
も，AからDへ行く道
順は，樹形図などを用
いて考える。

順列については，
p.210「順列」，組合
せについてはp.214
「組合せ」を参照。

ばよい。

$$_7C_3 = \frac{7\,!}{3\,!\,(7-3)\,!} = \frac{7\times6\times5\times4\times3\times2\times1}{3\times2\times1\times4\times3\times2\times1} = 35〔通り〕$$

〔**例題3**〕 右の図のような碁盤目状の街
路網において，AからBを通ってCまで
最短経路で行く道順は何通りあるか。

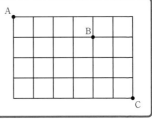

〔**解説**〕 出発点から途中の交差点を通って目的地
に行く場合，「AからBまでの道順」と「Bから
Cまでの道順」の積で求められる。

右に1区画進む
ことを→で，下
に1区画進むこと
を↓で表すと，A
からBへ行くに

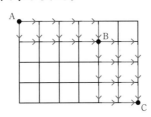

は4つの→と1つの↓の組合せの数だけ道順があ
り，BからCへ行くには2つの→と3つの↓の
組合せの数だけ道順があることがわかる。

AからBへ行くには，5回の動きのうちどの1
つが↓であるかを選べばよいから，

$$_5C_1 = \frac{5\,!}{1\,!\,(5-1)\,!} = \frac{5\times4\times3\times2\times1}{1\times4\times3\times2\times1} = 5〔通り〕$$

BからCへ行くには，5回の動きのうちどの2
つが→であるかを選べばよいから，

$$_5C_2 = \frac{5\,!}{2\,!\,(5-2)\,!} = \frac{5\times4\times3\times2\times1}{2\times1\times3\times2\times1} = 10〔通り〕$$

よって，AからBを通ってCまで最短経路で
行く道順は，$5\times10=50$〔通り〕

**和の法則・積の法則を
用いて解く場合**

「AからBまでの道順」
と「BからCまでの道
順」を，矢印を書きな
がら数え上げていく
と，次のようになる。

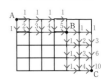

AからBまでの道順は
5通り，BからCまで
の道順は10通りなの
で，AからBを通って
Cまで最短経路で行く
道順は，

$5\times10=50$〔通り〕

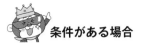

条件がある場合

右折禁止，通行止めなどの条件がある問題である。

〔**例題4**〕 右の図のような碁盤目状の道路がある。A地点を出発してBまで最短経路で行くとき，点Pを通らない場合の道順は何通りとなるか。

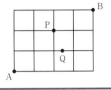

〔**解説**〕 A⇒Bの最短経路から，A⇒P⇒Bの最短経路の数を引けばよい。A⇒Bの最短経路の道順は，3つの↑と4つの→の組合せの数だけあるから，合計7回の動きのうちどの3つが↑であるかを選べばよい。

$$_7C_3 = \frac{7!}{3!(7-3)!} = \frac{7 \times 6 \times 5 \times 4 \times 3 \times 2 \times 1}{3 \times 2 \times 1 \times 4 \times 3 \times 2 \times 1} = 35 〔通り〕$$

A⇒P⇒Bの最短経路の道順は「A⇒Pまでの道順」と「P⇒Bの道順」の積で求められる。

A⇒Pまでの道順は，

$$_4C_2 = \frac{4!}{2!(4-2)!} = \frac{4 \times 3 \times 2 \times 1}{2 \times 1 \times 2 \times 1} = 6 〔通り〕$$

P⇒Bまでの道順は，

$$_3C_1 = \frac{3!}{1!(3-1)!} = \frac{3 \times 2 \times 1}{1 \times 2 \times 1} = 3 〔通り〕$$

したがって，A⇒P⇒Bの最短経路の道順は，

$$6 \times 3 = 18 〔通り〕$$

求める道順の総数は，

$$35 - 18 = 17 〔通り〕$$

最短の道順の総数

次の図のように，点Pで右折できない場合のA⇒Bの最短経路の道順の総数を求める場合，

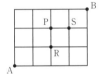

A⇒Bの最短経路から，A⇒R⇒P⇒S⇒Bの最短経路の道順を引いて求める。A⇒Rは3通り，R⇒P⇒Sは1通り，S⇒Bは2通りなので，求める道順の総数は，
35−3×1×2=29〔通り〕

次の図において，線上をたどってA点からB点へ行くときの最短経路の数として，最も妥当なのはどれか。　【東京消防庁】

1 80通り

2 150通り

3 210通り

4 350通り

5 720通り

次の図のように，縦方向と横方向に平行な道路が，土地を直角に区画しているとき，道路を通って地点Aから地点Bまでを最短距離で結ぶ経路は全部で何通りあるか。　【東京都】

1 43通り

2 44通り

3 45通り

4 46通り

5 47通り

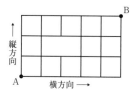

正答と解説

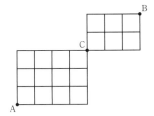

No.1 の解説

右の図のように，A ⇒ B の最短経路の道順の総数は，A ⇒ C ⇒ B の最短経路の道順の総数として求めることができる。A ⇒ C の最短経路の道順は，3つの↑と4つの→の組合せの数だけあるから，合計7回の動きのうちのどの3つが↑であるかを選べばよい。

$$_7C_3 = \frac{7!}{3!(7-3)!} = \frac{7\times6\times5\times4\times3\times2\times1}{3\times2\times1\times4\times3\times2\times1} = 35（通り）$$

C ⇒ B の最短経路の道順は，合計5回の動きのうちのどの2つが↑であるかを選べばよい。

$$_5C_2 = \frac{5!}{2!(5-2)!} = \frac{5\times4\times3\times2\times1}{2\times1\times3\times2\times1} = 10（通り）$$

求める道順の総数は，35×10＝350（通り）

よって，**4** が正当である。

No.2 の解説

矢印を書きながら数え上げていくと，図1のようになり，44通りとわかる。また，図2のように PQ 間を通行止めと考えて，A ⇒ B の最短経路の道順の総数（$_8C_5$）から，A ⇒ P ⇒ Q ⇒ B の最短経路の道順の総数（$_3C_1\times_4C_1$）を引いて数を求めると，$_8C_5-(_3C_1\times_4C_1)=56-(3\times4)=44$（通り）

図1
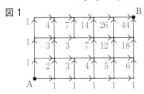

図2
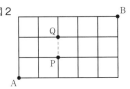

よって，**2** が正当である。

テーマ 11 方位と方角

・東西南北以外の方位を理解し、位置関係を正しくつかもう。
・距離の比や「等間隔」など、距離を表すキーワードを読み取ろう。
・図形の性質を利用して等しい距離を見つけよう。

1 方位・方角の問題の解き方

方位・方角の問題は主に次の2通りがある。

①複数の条件から方位・方角を定める問題
②方位・方角と距離から位置を定める問題

 方位を間違いなくつかむ

東西南北以外の名称も正しく理解する。

①北・南を中心として示す。次に東・西を中心として示す。

②右の図で、隣り合う方位と方位のなす角は（360÷16＝）22.5°である。

 方位を決める

距離の比や「等距離にある」ことなども位置関係をつかむ条件となる。

位置関係をつかむ
順を追って正しく読み取ることが大切である。図にはわかっている角度を書いておく。

〔例題1〕 AはBの南西、CはAの真東にあり、AからBまでの距離とBからCまでの距離は等しい。このことを図示せよ。

〔**解説**〕 C は B の南東に位置することになるので，∠ ABC は 90°，△ ABC は直角二等辺三角形であることがわかる。

 方位・方角に距離が加わった場合

　直角三角形の 2 辺の長さが与えられたとき，**三平方の定理**を利用すると，残りの 1 辺の長さを計算で求めることができる。代表的な直角三角形の 3 辺の比を覚えておこう。

 等しい距離の求め方

　垂直二等分線，円，正三角形などの図形の性質を利用して，位置関係を把握しよう。

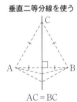

垂直二等分線を使う

AC = BC

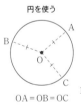

円を使う

OA = OB = OC

正三角形を使う

AB = BC = CA

三角形と角

〔**例題 1**〕の解説のように，三角形 ABC は △ ABC，角 ABC は，∠ ABC と表す。

代表的な直角三角形の 3 辺の比

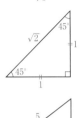

円を使う問題

「A は O から 1km」は，「A は O を中心とした半径 1km の円周上のどこか」であることを意味する。

〔**例題 2**〕 駅は学校の真北，家は学校の真西。家，学校，スーパーがこの順に等間隔で並ぶとき，家から駅までと等しい距離はどこか。

〔**解説**〕 右のように図に書いて考えると，家から駅までの距離と，スーパーから駅までの距離が等しいことがわかる。

三平方の定理

斜辺の 2 乗は他の 2 辺の 2 乗の和に等しい。

$$a^2 + b^2 = c^2$$

TRY! ▶ 過去問にチャレンジ

No.1 A～Eの5人が次のような位置関係にいるとき，確実にいえるのはどれか。 【警視庁】

ア Aから見てBは1km真東にいる。

イ Cから見てBは1km真南にいる。

ウ Dから見てAは1km真北にいる。

エ Eから見てCは1km真西にいる。

1 AとBとCの3人は一直線上に並んでいる。

2 Aから見てCは1km北東にいる。

3 Cから見てDは真東にいる。

4 BからEまでの距離と，CからAまでの距離は同じである。

5 DからCまでの距離は，DからEまでの距離よりも長い。

No.2 A～Fの6人の家の位置関係について，A，B，C，D，Eの5人が以下のように述べている。このとき，確実にいえることとして，最も妥当なのはどれか。 【警視庁】

A「私の家は6人の中で最も南にある。」

B「私の家はFの家の真東にある。」

C「私の家はFの家の4km真南にあり，Dの家の南西にある。」

D「私の家の南東にEの家があり，私の家とAの家を結ぶ直線上にCの家がある。」

E「私の家はBの家の南西にあり，Cの家の12km真東にある。」

1 Aの家とCの家は2km離れている。

2 Bの家とDの家は10km離れている。

3 Bの家とFの家は16km離れている。

4 Cの家とDの家は $9\sqrt{2}$ km 離れている。

5 Dの家とAの家は $9\sqrt{2}$ km 離れている。

正答と解説

No.1 の解説

与えられた条件を組み合わせると，右の図のようになる。∠ABCと∠BCEは90°なので，△ABCと△BCEは合同な直角二等辺三角形とわかる。よって，**4** が正答である。

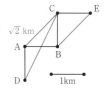

No.2 の解説

B，C，Dの発言をもとに図に表すと，図1のようになる。FC間以外の長さはまだわからない。次に，Eの発言からEをBの南西，Cの12km真東になるように長さを調節する。このとき方角（角度）は変えないように注意する。そして，DとAの発言を考慮に入れると，図2のようになる。

DCとFBの交点をXとすると，△FCXは直角二等辺三角形になるので，FX間の距離は（FC＝FX＝）4km，また，四角形XCEBは平行四辺形なので，XB間の距離は（CE＝XB＝）12kmとわかる。よって，**3** が正答である。

図1

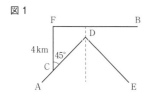

図2

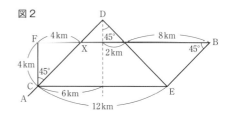

★★★

テーマ
12

相互の位置関係

・制約の強い条件を見つけ出し，そこを確定してから他の条件を検討していこう。
・考えられるすべての場合で場合分けを行おう。
・丸いテーブルの問題では，1つを固定して考えよう。

1 位置関係の問題の種類

位置関係の代表的な問題には大きく分けて2パターンある。そして，それぞれのパターンにいくつかの出題パターンが存在する。

> ①**部屋割り**：平屋の部屋割りなどの「平面上の問題」と，2階建て以上の「立体上の問題」。
> ②**座席の決定**：「長方形のテーブル」または「円形のテーブル」に着席する場合の席順。

問題の状況を正しく読み取り，どのパターンに当てはまるかを考えましょう。

2 位置関係の問題の解き方

条件をどの順に使うか

複数の条件から1番制約の強い条件を見つけ，そこから決めていく。制約の強い条件を優先することで整理しやすくなる。

たとえば，図1のように，Aの座席は前から3列目，Bの座席はAの右後ろという条件が与えられている場合。

Aの座席は，3列目の4か所の場合があるため，他の条件を，この4つの場合についてそれぞれ考

えなければならなくなる。

図1

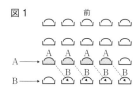

　しかし, 図2のように, Aの座席は前から3列目, 左から3番目で, BはAの右後ろか左後ろという条件が与えられている場合。

　Aの座席が決まり, Bの座席は2通りに絞ることができる。

図2

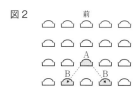

条件から絞り込む
条件を1度に絞り込むことで, 考える範囲を絞ることができる。

 **場合分けを行う**

　2通り以上の位置関係が考えられるときは, 場合分けをして考える。

〔例題1〕　図のようなテーブルにA, B, C, D, Eの4人が以下のような条件で座るとする。

　ア　Aの隣はB

　イ　Bの向かいはD

　ウ　Cの左は空席

　エ　Eの向かいは空席でない

このとき, Aの左にいるのはだれか。

○　Ⓐ　○

○　○　○

〔解説〕 条件**ア**，**イ**より，次の図のように，2つ
の場合が考えられる。

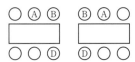

次に，条件**ウ**からCを書き込む。

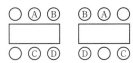

条件**エ**から，A〜Fの席が決まる。
よって，Aの左はEとわかる。

〔例題2〕 図のような①〜⑥の座席のいずれかにA〜Eの5人の職
員が配置されており，今，残り1つの座席に男性の新人が配置された。
次のことがわかっているとき，新人の座席である可能性のあるものを
答えよ。

① ② ③
④ ⑤ ⑥

ア　⑥の座席には女性が配置されている。

イ　Aは男性で，BとDは女性である。

ウ　Aの座席の隣はBの座席である。

エ　Cの座席の真向かいの隣の座席にいる人は，男性である。

オ　Dの座席の真向かいは新人の座席であり，その新人の座席の隣
　　はBの座席である。

〔**解説**〕 条件**ア**より，⑥は女性と決まる。条件**イ**，**ウ**，**オ**より，Ｄが①に座るとＡが⑥に座ることになるが，Ａは男性なので条件**ア**に反する。Ｄが②または⑤に座ると，Ｂの隣にＡが座れない。Ｄが③に座ると，⑥に新人（男）が座ることになるので，条件**ア**に反する。

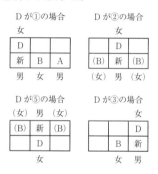

Ｄが①の場合

女		
D		
新	B	A

男　女　男

Ｄが②の場合

	女	
	D	
(B)	新	(B)

（女）　男　（女）

Ｄが⑤の場合

（女）　男　（女）

(B)	新	(B)
	D	

女

Ｄが③の場合

		女
		D
	B	新

女　男

　したがって，Ｄは④か⑥に座ることになるので，条件**オ**より，新人，Ｂの座る座席は，次の２パターンに絞られる。

男　女

新	B	
D		

女

女　男

	B	新
		D

女

　よって，新人の座席である可能性のあるものは，次のように①，③の座席であることがわかる。

男　女　男

新	B	A
D	C	E

女

男　女　男

A	B	新
E	C	D

女

離れたものの関係の扱い方

離れたものの関係も，空いているところが何か所であるかを調べ，考えられるすべての場合分けを行う。このとき，左右を入れ替えた場合も忘れないように注意する。

たとえば「6つ並んだ部屋に，A，Bが間に2つ空けて入る」という条件があるとき，考えられるのは次の6通りである。

A			B		
	A			B	
		A			B
B			A		
	B			A	
		B			A

左右を入れ替えた場合
A○○Bの順に並んだ場合が3通り，B○○Aの順に並んだ場合が3通りで，合計6通りである。左右を入れ替えた場合を忘れないようにする。

このような問題でも，制約の強い条件を見つけ，そこを確定してから他の条件を検討することが重要である。

丸いテーブルの座席

丸いテーブルや円卓では，回転させて一致するものは同一と考える。このような問題では1人を固定して考えていく。

〔**例題3**〕　AからHの8人が丸いテーブルを囲んで等間隔に座った。

1～4の条件を満たすとき，Aの真向かいに座るのはだれか。

　　1　Aの2人おいた隣にFとDが座る。

　　2　Fの隣にはBが座る。

　　3　Cの真向かいにEが座る。

　　4　GはEの隣に座る。

〔**解説**〕　Aを固定して考える。条件1から F，D の席は，次の2つの場合がある。

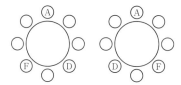

　この2パターンに対して，条件3より，C，E が向かい合う座り方は，それぞれ2パターンある。よって，条件2から，いずれの場合もBの席はただ1つに決まり，Aの真向かいはBとわかる。

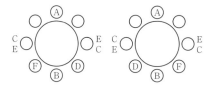

丸いテーブルの考え方

同じ座り方

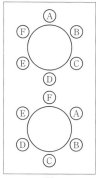

A←固定

TRY! ▶ 過去問にチャレンジ

No.1 　男子2人，女子4人のA～Fの6人の生徒が，図のように机を正六角形になるように配置し，1人ずつ中心に向かって座った。この6人は，学級委員，環境委員，給食委員，生活委員，体育委員，図書委員のうち，それぞれ異なる1つの委員を担っていた。次のことがわかっているとき，確実にいえるのはどれか。　【国家一般職／税務／社会人】

　ア　Aは男子で，真向かいには図書委員が座っていた。

　イ　Bは生活委員で，両隣にはEとFが座っていた。

　ウ　Cは女子で，隣には図書委員が座っていた。

　エ　Dの右隣には，Aが座っていた。

　オ　環境委員の隣には，学級委員の男子が座っていた。

　カ　学級委員の真向かいには，給食委員が座っていた。

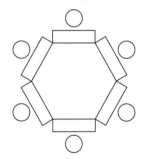

1　Aは環境委員で，Aの右隣にはEが座っていた。

2　Cは給食委員で，Cの右隣にはDが座っていた。

3　Dは体育委員で，真向かいにはFが座っていた。

4　Eは学級委員で，Eの左隣にはAが座っていた。

5　Fは図書委員で，Fの左隣にはBが座っていた。

正答と解説

No.1 の解説

人数の少ないA（男子）を固定して考える。図1のように，条件**ア**からAの真向かいに図書委員，条件**エ**より，Aの左隣がDとわかる。

条件**イ**より，Bの両隣がEとFなので，3人が並んで座ることができ，かつ，Bが生活委員である（図書委員ではない）ことから，Bの席は図2のようになる。ただし，EとFが，それぞれBのどちら側に座るかは確定していない。

Bの席が確定したことから，条件**ウ**より，C（女子）は図書委員の右隣であることが決まる。したがって，条件**オ**，**カ**から，学級委員（男子）と給食委員（女子）が向かい合う座り方は，図3のようになる。よって，Cは給食委員である。

したがって，Aは環境委員，Dは体育委員と決まり，残りの席の性別も，男2人，女4人という条件から確定できる。最終的に，EとFの席は確定しない。

よって，**2**が正答である。

図1
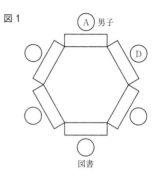

図2
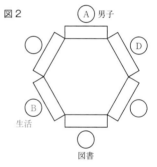

図3
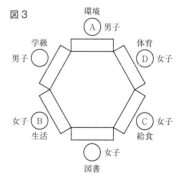

★★★

テーマ 13 図形の切断と構成

- 市松模様の敷き詰めの問題は白と黒にぬり分けて考えよう。
- 図形の構成は大きさや形や特徴に注目しよう。
- 図形の切断は面積の計算を中心に考えよう。

1 図形の敷き詰め

　図形の敷き詰めの問題では，敷き詰めるものと，敷き詰められるものの個数の関係に着目するとよい。

〔例題1〕　ア～エのような紙片がある。これにもう1枚紙片を加え，すき間なく，重ねることなく敷き詰めると，図1のような市松模様の大きな正方形ができた。加えた紙片の図形として，最も妥当なのはどれか。ただし，紙片を回転させることはできるが，裏返すことはできないものとする。

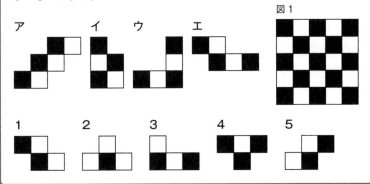

〔解説〕　白，黒の枚数に着目する。

　アからエの4つで，白は9枚，黒は12枚ある。

図1で必要な枚数は，白が12枚，黒が13枚だから，

市松模様
市松模様の規則性を利用する。

アからエだけでは，白が3枚，黒が1枚足りない。
よって，**2**を選べばよいとわかる。

2 図形の構成

　図形の構成には，いくつかの図形を組み合わせ
て，ある図形を作る問題がある。このとき，**大き
いものや，形に特徴があるものから使うと考えや
すくなる。**

〔例題2〕　右の図のような型紙を8枚，すき間なく，
かつ，重ねることなく並べて作ることができる図形と
して，ありえないのは**1**と**2**のどちらか。ただし，型
紙は裏返しても回転させてもよいものとする。

1

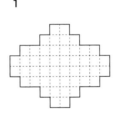

2

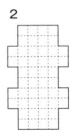

〔**解説**〕　**2**に1枚目の型紙が置ける場所は次ペー
ジの図1のとおりである。並べていくと図2のよ
うになり，敷き詰めはできない。よって，**2**が正
答とわかる。**1**は，図3のように敷き詰めること
ができる。

合同な図形をつな
ぎ合わせて，1つ
の図形を作る問題
です。

図1　　　図2　　　図3

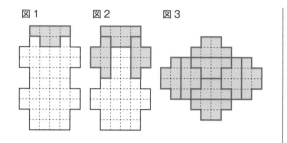

いくつかの図形を，決められた形につなぎ合わせる問題です。

〔例題3〕　次の図形は選択肢ア～オのうち，4つを重ねることなく組み合わせてできた図形である。この中で，1つだけ次の図形を作るのに不要なものとして，最も妥当なのはどれか。ただし，図の中の正方形はすべて合同であるものとする。

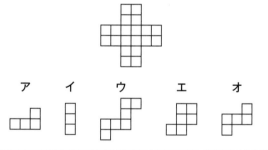

〔解説〕　**ウ**を含むと仮定すると，**ウ**の入る場所は図のようになる。残りのすき間に，**ア**，**イ**，**エ**の3つを並べると，敷き詰めることができる。

　　よって，**オ**が不要である。

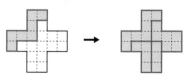

選択肢のうち，面積が大きく，形に特徴がある**ウ**から考えていきます。

090

3 図形の切断

　図形を切断して移動することで，別の形の図形を作ることができる。このような問題では，**面積の計算**を中心に考える。

〔**例題4**〕　次のような，1辺が1cmの正方形で作られた図形をいくつかに切断し，切断した図形すべてを組み合わせて1つの正方形を作るとき，できる正方形の1辺は何cmか。

〔**解説**〕　面積 1cm^2 の正方形が20個あるので，図の面積は 20cm^2 である。したがって，切断してできる正方形の1辺の長さ x は，

$$x^2 = 20 \rightarrow x = \sqrt{20} = 2\sqrt{5} \,〔\text{cm}〕$$

〔**別解**〕　もとの図形から1辺が $2\sqrt{5}$ cm の正方形を作るには，三平方の定理より，各辺が2cm，4cm，$2\sqrt{5}$ cm となる直角三角形を作ることを考えればよい。

$$2^2 + 4^2 = x^2 \rightarrow x^2 = 20$$

$x > 0$ であるから，$x = 2\sqrt{5} \,〔\text{cm}〕$

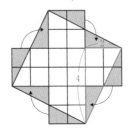

平方根

2乗して a になる数を，a の平方根という。正の数には平方根が2つあり，正のほうを $\sqrt{a}$，負のほうを $-\sqrt{a}$ と書く。

三平方の定理

$$a^2 + b^2 = c^2$$

三平方の定理の考え方は，p.223「三平方の定理」を参照。

切断のしかたは，左の方法以外にもあります。

No.1

次のＡ～Ｃは，25の部屋が並んでいる様子を表している。隣り合う部屋どうしはそれぞれ扉でつながっていて，その扉を通って隣の部屋へ移動できる。ある部屋から扉を通って隣の部屋へ移動し，すべての部屋を１度ずつ通ることができるものを選んだ組合せとして，最も妥当なのはどれか。　　　　　　　　　　　　　　【警視庁】

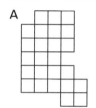

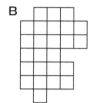

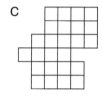

1 Ａ　　**2** Ｂ　　**3** Ｃ　　**4** Ａ，Ｂ　　**5** Ａ，Ｂ，Ｃ

No.2

直線 *l* 上に，１辺 *a* の正方形と，底辺 *a*，高さ 2*a* の二等辺三角形が図のように置かれている。その状態から，正方形を二等辺三角形の方向に滑らせていくとき，正方形と二等辺三角形が重なる部分について，直角三角形以外にありえる図形の組合せとして，正しいのはどれか。　　　　　　　　　　　　　　　【地方初級】

　ア　台形
　イ　平行四辺形
　ウ　長方形
　エ　五角形
　オ　六角形

1 アとウ　　**2** アとエ　　**3** イとウ

4 イとエ　　**5** ウとオ

正答と解説

No.1 の解説

部屋の前後左右にのみ移動できるので，A 〜 C を白と黒で交互に塗り分け，白→黒→白…と順に進めるものを探す。交互に進むので，白と黒の数の差が 1 または 0 になればよい。

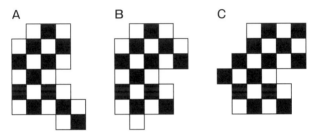

それぞれの個数を調べると，A は（白 14，黒 11），B は（白 14，黒 11），C は（白 12，黒 13）。よって，**3** が正答とわかる。

No.2 の解説

正方形を滑らせていくと，重なる部分は次の図のように，直角三角形→台形→五角形→台形と変化していく。よって，**2** が正答である。

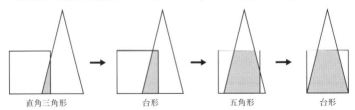

| 直角三角形 | 台形 | 五角形 | 台形 |

★★ テーマ 14 折り紙と模様

・折り紙の模様や切り取り線は，折り目の線について線 対称になることを覚えておこう。
・手順を逆にたどるときは，図を書いて確認しよう。

1 折り紙の問題の流れ

折り紙の手順を確認しよう。折り紙の問題は， 以下のような流れになっていることが多い。

正方形や長方形などの折り紙を，
①何回も折る。
②その一部を切り取る，あるいは色を塗る。
③広げてもとに戻す。
④どんな模様になるかを求める。

「折る」「切り取る」「色を塗る」などの手順を， 問題文からしっかりと読み取ることが大切である。

2 折り紙の問題の解き方

 広げたときの関係をつかむ

折り紙を「折る」「広げる」手順で，模様や切り 取り線は，折り目の線について線対称の位置にくる。 次の図（p.95）は，①〜③の手順を表したものである。

①点線の位置で折り紙を折る。
②折り紙に印を付ける。
③折り紙をもとに戻す。

折り紙の問題

折る方向を正しく読み 取ることが重要であ る。次の図は，1を2 に合わせるように折る ことを表している。

線対称

1つの直線を軸として 図形を折ったとき，そ の図形の両側がぴった りと重なり合う図形 は，線対称であるとい う。

※ A，B は折り目の線について線対称の位置に
くる。

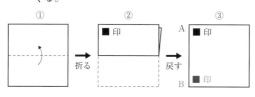

 もとに戻す手順は正しく

折り紙を「折る」→「切り取る」→「残った部
分を広げる」問題は，実際に書いて確かめる。

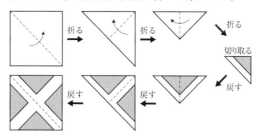

もとに戻す手順
折った順番と逆の順で
広げていく。図には折
り目の線も書き込むと
よい。

〔例題 1〕 次の図のように，正方形の紙を点線に従って 3 回折り，斜線
部を切り落として，残りの部分をもとのように開いたときにできる図形
を求めよ。

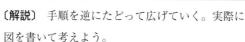

〔解説〕 手順を逆にたどって広げていく。実際に
図を書いて考えよう。

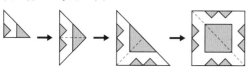

折り目の線につい
て線対称となるよう
に斜線部を書き込
みます。

**面積の変化**

　折り紙は，折るとだんだん小さくなる。次の図のように，初めの面積を1とすると，1回折ると面積は$\frac{1}{2}$，2回折るとさらに$\frac{1}{2}$で，面積は$\frac{1}{2^2}$となる。したがって，n回折ったときの面積は，$\frac{1}{2^n}$となる。

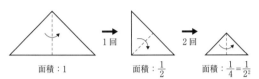

面積：1　　　　　面積：$\frac{1}{2}$　　　　面積：$\frac{1}{4}=\frac{1}{2^2}$

〔**例題2**〕　紙片Lを図1のように破線で折りたたんだ後，図2に示す太線で，紙片Bと紙片Cとに切り分けた。折りたたまれたすべての紙片を広げたとき，紙片B，紙片Cの面積比はいくつか。

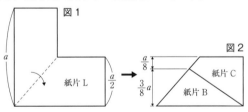

〔**解説**〕　折り目の線に注意して，図2を広げる。

紙片Lの面積は，

$$a^2-\frac{a^2}{4}=\frac{3}{4}a^2$$

紙片Bの面積は2つの三角形の合計だから，

$$a\times\frac{3}{8}a\times\frac{1}{2}\times2=\frac{3}{8}a^2$$

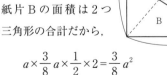

紙片Lの面積は，大きい正方形から小さい正方形を引いて求めます。

したがって，紙片 C の面積は，

$$\frac{3}{4}a^2 - \frac{3}{8}a^2 = \frac{3}{8}a^2$$

よって，面積比は，$\frac{3}{8}a^2 : \frac{3}{8}a^2 = 1 : 1$

> 折り返した部分は，折り目について線対称な位置にあるから，四角形 AGFE と四角形 CDFE は，合同です。

不規則な折り方の折り紙

不規則に折った場合も，折り目の線について線対称であることは変わらない。

〔**例題 3**〕 長方形 ABCD の頂点 C が頂点 A に重なるように，EF を折り目として折り返した。$\angle$ BAE $= 24°$ であるとき，角 AEF の角度はいくつか。

〔**解説**〕 $\triangle$ ABE において，内角と外角の関係から，

$$\angle\text{AEC} = 24° + 90° = 114°$$

$\angle$ AEF $= \angle$ CEF なので，$\angle$ AEF の角度は，

$$114 \div 2 = 57°$$

三角形の内角と外角の関係

三角形の外角は，隣り合わない 2 つの内角の和に等しくなる。

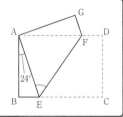

No.1 　図1のような，両面がともに灰色で，一部が切り取られた正方形の紙ア～オがある。これらのうちの1枚を選び，図2のように，破線部分で3回谷折りしたところ，図3のようになった。このとき，選んだ紙はどれか。ただし，紙は回転させたり，裏返したりしてよいものとする。　　　　　　　　　　　　　　　【国家一般職／税務／社会人】

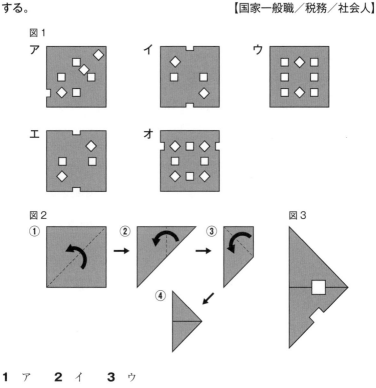

図1

1 ア　　**2** イ　　**3** ウ

4 エ　　**5** オ

正答と解説

No.1 の解説

すでに切り取られている紙を折りたたむので，図3で，折り込まれている部分に，切り取られた部分が隠れている場合がある。まずは図3を広げた様子を図で表し，選択肢を絞る。

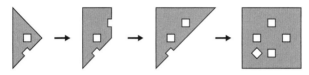

開いた図の切り取られた部分を含む形は，**ア**と**オ**だけである。ここで，切り取られた部分の多い**オ**を折りたたんだ場合を図で表すと，次のように，図3と一致しないことがわかる。よって，**1**が正答である。

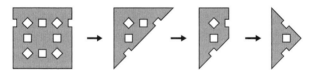

★★★

テーマ

15

点の移動と軌跡

- ある線に沿って図形上の1点がどのように動くかを考えよう。
- 図形が対称で同じ軌跡が繰返し現れるときは，規則性を探そう。

1 点の移動と軌跡の問題

軌跡に関する問題では，図形がある線に沿って，滑ることなく移動するとき，その図形上の1点がどのように動くかを考える。軌跡は，次の2つに分類される。

①図形が，直線上を転がるとき
②図形が，円周上を転がるとき

軌跡

与えられた条件のすべてを満たす点全体が作る図形を，この条件を満たす点の軌跡という。

2 点の移動と軌跡の問題の解き方

回転移動では，回転の中心と回転角に注意

多角形上の点の軌跡は，回転の中心からの距離を半径とする円弧になる。たとえば，長

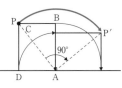

∠BADの外角が90°なので，Pの軌跡は90°回転移動します。

方形 ABPD が，頂点 A を中心にして上の図のように 90° 転がし，点 P が点 P′ に移ったとき，回転の中心は A，回転の半径は AC となる。また，正三角形 ABC が転がるとき，正三角形は，中心を C，A の順に変えながら，120° ずつ回転してい

くので，頂点Bの動きは，次の図のようになる。

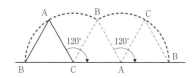

〔例題1〕 次の図は，ある図形が直線上を滑ることなく1回転したときに，図形上の点Pが描いた図形である。この軌跡を描く図形として，妥当なのはどれか。

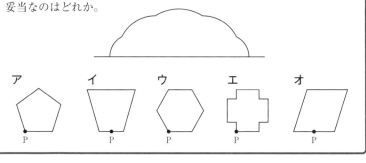

〔解説〕 次の図のように，点Pは，中心をQ，R，S，T，U，Pの順に変えながら，ほぼ同じ角度ずつ回転していることがわかる。1回転するときに，回転の中心が6回変わる，角の大きさが等しい図形は，**ウ**である。

> ア〜オまでの軌跡をすべて書くのは手間がかかるので，与えられた軌跡から選択肢を絞っていきます。

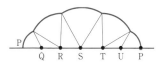

繰返しの場合は1つを調べる

図形が対称で，同じ軌跡が繰返し現れるときは，1つの場合を調べて，**規則性**を探せばよい。

たとえば，図1のように，正方形の辺に沿って，内や外を図形が移動するときは，正方形の一辺に現れる軌跡を調べ，残りの3辺の軌跡を予測する。

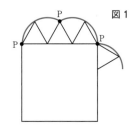
図1

また，図2のように，円周に沿って，内や外を円が移動するときは，もとの円と移動する円の半径の大きさで繰返しの数が決まるので，移動する円の1回転を調べ，残りの軌跡を予測する。

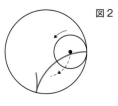
図2

繰返しの場合
点Pが正方形の1辺を1回転するとき，回転の中心が3回変わる。この後，同じ動きが繰り返される。

〔**例題2**〕　右の図のように，二等辺三角形 ABC が，底辺 AB を1辺とする正方形の内側を，頂点A および頂点 B を正方形の辺に沿わせて移動し，1回転してもとの位置に戻るとき，点 C の描く軌跡はどれか。

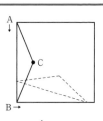

ア	イ	ウ	エ	オ

〔**解説**〕　△ABC を少しずつ移動する様子を実際に書くと，次の図（p.103）のようになる。底辺AB が正方形の1辺を移動すると，点 C の軌跡は

半円を描く。この半円が向きを 90°ずつ変えながら 4 つ描かれるので，**ア**が正答とわかる。

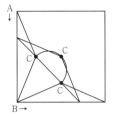

 いろいろな軌跡を知っておく

　円周上の点の軌跡は図示することが難しいので，代表的な例は覚えておこう。

①直線上を円が滑ることなく移動（転がる）

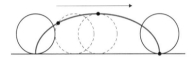

サイクロイド
円が直線，または曲線上を滑らないで転がるとき，円上の 1 点が描く軌跡をサイクロイドという。

②円周内を円が滑ることなく移動（転がる）

半径の比　4：1　　　　3：1　　　　2：1

③階段上を円が滑ることなく移動する（転がる）

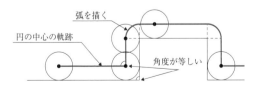

弧を描く

円の中心の軌跡

角度が等しい

右の図のように，半径 r の円が，長辺 $2\pi r$，短辺 πr の長方形の周りを辺と接しながら，かつ，辺に接している部分が滑ることなく矢印の方向に回転するとき，この円上の点 P が描く軌跡として，妥当なのはどれか。ただし，π は円周率を示す。

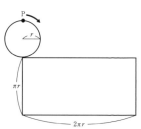

【東京都】

　1　　　2　　　3　　　4　　　5

右の図のように，一部が着色された1辺 a の正三角形と一部が着色された1辺 a の正方形が，それぞれ X，Y の位置から，同じ線に接しながら滑ることなく矢印の方向に

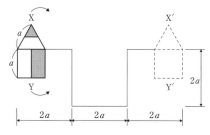

回転して X′，Y′ の位置にきたとき，正三角形および正方形のそれぞれの状態を表した図の組合せとして，正しいのはどれか。　【東京都】

1　　　　2　　　　3　　

4　　　　5

正答と解説

No.1 の解説

円周は $2\pi r$, 長方形の周りの長さは $(2\times\pi r+2\times2\pi r=)6\pi r$ なので, 点Pがもとの位置に戻るまでに, 円は $(6\pi r\div2\pi r=)3$ 回転する。したがって, 5は当てはまらない。また, 円が直線上を回転するとき, 点Pの軌跡はサイクロイド曲線を描く。**2**, **3**, **4** の軌跡には, 一部直線が含まれているので, **1** が正答である。

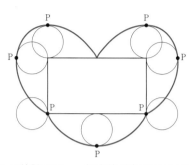

No.2 の解説

正三角形のそれぞれの回転角は, A→B, C→D, E→F, G→H, I→J が120°, B→C, H→I が210°, D→E, F→G が30°なので, AからJまでの回転角の合計は,

120×5+210×2+30×2=1080°

したがって, ちょうど (1080÷360=) 3回転。

正方形のそれぞれの回転角は, K→L, L→M, N→O, P→Q, Q→R が90°, M→N, O→P が180°なので, KからRまでの回転角の合計は,

90×5+180×2=810°

したがって, (810÷360=) 2回転と90° よって, **1** が正答である。

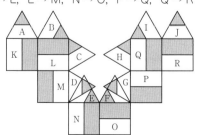

★

テーマ 16 図形のつながり

- 図形の問題では，形の違いに惑わされないように気をつけよう。
- 一筆書きができるかどうかは，奇点の数で決まるということを覚えておこう。

1 線のつながり

図形の問題では，点と線（直線や曲線）のつながりだけを問題にすることがある。たとえば，円と正方形は，形は異なるが，どちらも「1つの線でつながっている平面図形」という点では「同じ」といえる。

この考えを使うと，図の①〜④は，線の長さと角度を無視すれば，すべて「同じ」ものを表すといえる。

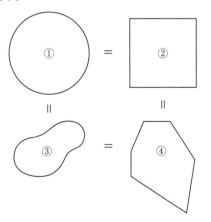

線と線，点と線のつながりだけに着目して，「同じ」になる関係を「"位相"的に同じ」という。

三角形，長方形，五角形なども，円と位相的に同じといえます。図形が輪ゴムで作られているとイメージすると理解しやすくなります。

位相的に同じ
次のような図形も，図形としてのつながりが「同じ」といえる。

2 位相的に同じ図形の見つけ方

　ア〜ウの３つの図が図形としてのつながりが同じかどうかを調べるには，次の３つの方法がある。

①線と線の交わった点に印を付ける。
②点と点の間の線の数を調べる。
③点からいくつの線が出ているかを調べる。

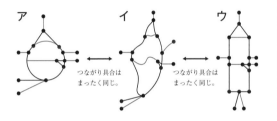

つながり具合はまったく同じ。

つながり具合はまったく同じ。

点と線の関係に注目する
各点から出る線の数が等しい。左の３つは位相的に同じ。

〔**例題１**〕　ゴムひもで作った下の図の何か所かを引っ張ったときにできる形として，妥当なのはア，イ，ウのうちどれか。

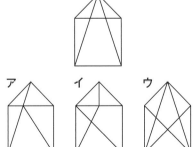

〔**解説**〕　各点から出る線の数を数える。もとの図

は，4本が3か所，3本が4か所である。これと
同じものは，**イ**である。

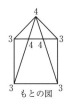

もとの図

ア

イ

ウ

アは，5本1個
　　　3本5個
イは，4本3個
　　　3本4個
ウは，4本6個
　　　3本2個

3　一筆書き

　ある図形が一筆書きできるかどうかについて考
えてみよう。一筆書きでは，出発点を**始点**，終着
点を**終点**と呼ぶ。

　また，ある点に集まる線の数が偶数のとき，そ
の点を**偶点**，集まる線の数が奇数のとき，その点
を**奇点**と呼ぶ。

〔例1〕〔例題1〕の**ア〜ウ**の偶点，奇点の数は
それぞれいくつか。

〔解説〕　**ア**→偶点0個，奇点6個

　　　　　イ→偶点3個，奇点4個

　　　　　ウ→偶点6個，奇点2個

　一筆書きでは，偶点や奇点に線が入れば必ず出
なければならない。

一筆書き
筆記具を平面から離さ
ず，同じ線を2度なぞら
ないようにして線図形を
書くこと。

①**偶点の性質**：偶数本の線とつながるので，線の入る数と線の出る数が同じになる。つまり，偶点が始点となれば，その点は必ず終点となる。

②**奇点の性質**：奇数本の線とつながるので，入る数だけ線が出ると，線が１本余る。つまり，１本だけは出る（始点）だけか入る（終点）だけとなる。

よって，一筆書きが可能となる条件は，次の２つである。

①偶点のみでできている（奇点が０個）。
②奇点が２個のみ。

一筆書きが可能な図形

偶点 4，奇点 2
→可能

偶点 10，奇点 0
→可能

偶点 1，奇点 4
→不可能

109

次の図形を一筆書きする書き方の場合の数として，最も妥当なのはどれか。　【東京消防庁】

1 6通り

2 8通り

3 10通り

4 12通り

5 16通り

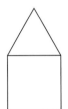

右の図のような，あみだくじのBとCの縦線の間にある直線を1本消去したとき，確実にいえるのはどれか。　【特別区】

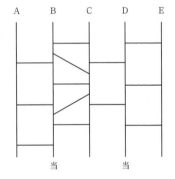

1 Aを選んだ人は，当たりにはたどり着かない。

2 Bを選んだ人は，当たりにはたどり着かない。

3 Cを選んだ人は，当たりにはたどり着かない。

4 Dを選んだ人は，当たりにはたどり着かない。

5 Eを選んだ人は，当たりにはたどり着かない。

No.1 の解説

偶点，奇点を調べる。奇点が 2 つあるので，一筆書きができる。左側の奇点（A）が始点のときの一筆書きは以下の 6 通りである。

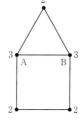

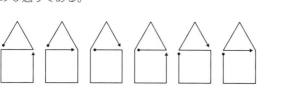

右側の奇点（B）が始点の場合もあるので，正答は **4** である。

No.2 の解説

B と C の間の線をア〜オとする。2 つの当たりをそれぞれ①，②とし，それぞれ B, C の線までさかのぼると，①の上にはア，イ，ウの線があり，②の上にはアの線があることがわかる。これらの線のどれかを消去することで当たりに変動が出るので，一つ一つ検討していく。

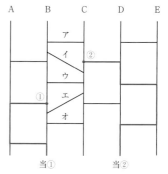

アを消去すると，①→ B，②→ C

イを消去すると，①→ E，②→ B

ウを消去すると，①→ A，②→ B

また，エ，オを消去すると，①→ C，②→ B となるので，**4** が正答とわかる。

テーマ 17 ★★ 立体の組立て

- 立方体を積み重ねた立体の問題は，上の段から順に調べよう。
- 5種類の正多面体と代表的な正多面体の性質を覚えよう。

1 積み重ねた立体の個数

　立方体や直方体を積み重ねた問題では，積み重ねられた立体の個数を数えてみる。このとき，見えない部分の個数も忘れずに数えること。立体を段ごとに区切って，1段ごとに分けて考えるとよい。

〔例題1〕　図のように立方体がすき間なく積み上げられているとき，立方体の数はいくつか。

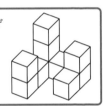

〔解説〕　段ごとに区切り，上から見た形を表すと，次のようになる。

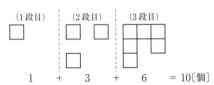

見えない部分にも立方体があるかどうかを読み取ることが重要です。

$$1 + 3 + 6 = 10〔個〕$$

積み重ねた立体の応用問題

　見えない部分をどのように把握するかが重要である。〔例題1〕のように，見えない部分を正しく図示しよう。

〔例題2〕 立方体を52個積んで，図のような立体を作り，底面を含む表面を黒い塗料で着色するとき，2つの面だけが着色される立方体の数はいくつか。

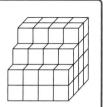

〔解説〕 上の段から区切って考える。立方体どうしが接触していない（着色されている）面の数を調べると，次のようになる。

(1段目)
| 3 | 2 | 2 | 3 |
| 3 | 2 | 2 | 3 |

(2段目)
2	1	1	2
1	0	0	1
3	2	2	3

(3段目)
2	1	1	2
1	0	0	1
1	0	0	1
3	2	2	3

(4段目)
3	2	2	3
2	1	1	2
2	1	1	2
3	2	2	3

2つの面だけが着色されている立方体の数は，

4＋4＋4＋8＝20〔個〕

〔例題3〕 図のような小立方体27個を組み合わせた大立方体を作り，丸印を付けたところから，それぞれの面から反対側の面まで垂直に穴を開けたとき，穴の開いた小立方体の数はいくつか。

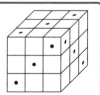

〔解説〕 上の段から区切って考える。穴が開けられる箇所に○を付けると，次のようになる。

6 ＋ 7 ＋ 6 ＝ 19〔個〕

113

もとの図の丸印（●）からドリルを掘り進めるイメージで，穴の開いた立方体に○を付ければよい。

よって，穴の開いた立方体の数は，19個である。

2 正多面体

正多面体は，①**正四面体**，②**正六面体（立方体）**，③**正八面体**，④**正十二面体**，⑤**正二十面体**の5種類である。特に①，②，③がよく出題されるので，次の基本的な性質は覚えておこう。

名称	面の形	面の数	頂点の数	辺の数
正四面体	正三角形	4	4	6
正六面体	正方形	6	8	12
正八面体	正三角形	8	6	12

3 立方体の性質

正多面体には対称性がある。**展開図**の問題としてよく出題されるが，**見取図**では，対称性の理解が重要である。

・**面対称**…図1のように，いくつもの面で面対称
・**点対称**…図2のように，点Pについて点対称

図1

図2

正多面体
正多面体は，次の5種類しかない。

正四面体

正六面体

正八面体

正十二面体

正二十面体

見取図と展開図
立体を1つの方向から見て，その全体像がわかるように，見た様子をそのまま平面上に書き表した図を見取図という。
立体を辺に沿って切り開き，平面上に広げた図を展開図という。

オイラーの多面体定理
多面体には次のような関係がある。
（頂点の数）－（辺の数）＋（面の数）＝2

〔例題1〕 右の図のような立方体の頂点に3つの●印を付けた図形がある。これと同様に3つの頂点に●印を付けたア〜オの立方体がある。ただし，奥の見えていない頂点には必ず●印が付いている。ア〜エのうち，右の立方体と●印の付き方が違うのはどれか。

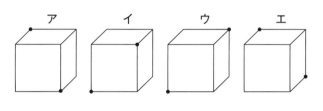

〔解説〕 右の図のように，与えられた立方体の底面を斜線で表し，正面から見て左上の頂点をAとする。ア〜エの図形の向きを変えて，この図と一致するかどうかを調べればよい。それぞれ奥の見えていない頂点に●印を付け，底面の斜線と点Aを表すと，次のようになる。

立方体
6つの面が正方形で囲まれた立体。正六面体とも呼ばれる。

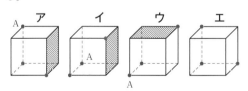

よって，エの●印の付き方が違う。

線でつなぐ
3つの頂点の最短距離を線でつなぎ，できた直線を比べると，●印の付き方が違うことがわかる。

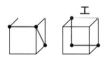

115

次の図は，1辺の長さが1である小立方体90個と，縦，横の長さが1，高さが5である直方体を7個，組み合わせてできた大立方体である。小立方体は紙でできているため針で貫通させることができるが，直方体は鉄でできているため針で貫通することができない。今，次の図の10か所の黒丸部分に大立方体の面と垂直になるように針を1本ずつ真っ直ぐ刺し，できる限り刺し込んだ。このとき，針が貫通した小立方体の数として，最も妥当なのはどれか。なお，斜線部分は直方体を示すものとする。　　　　　　　　　　　　　　　　　　　　【警視庁】

1 22個

2 23個

3 24個

4 25個

5 26個

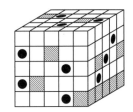

 次の図のような，12個の正五角形の面と20個の正六角形の面からなる凸多面体があり，どの頂点にも1個の正五角形の面と2個の正六角形の面が集まっている。この多面体の頂点と辺の数の組合せとして，妥当なのはどれか。　　　　　　　　　　　　【特別区】

1 頂点の数：48　　　辺の数：64

2 頂点の数：60　　　辺の数：90

3 頂点の数：60　　　辺の数：96

4 頂点の数：64　　　辺の数：96

5 頂点の数：70　　　辺の数：105

正答と解説

No.1 の解説

　上の段から順に調べていく。1番上から見える斜線部分の下はすべて斜線になることに注意する。横から見える場合も同様である。針が貫通する箇所に○を付けるとき，もとの図の●から1行または1列すべて○になるが，斜線部分で針は止まる。上から1〜5段目は，次のようになる。

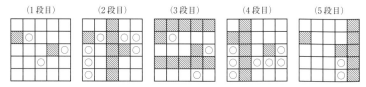

　1〜5段目までの○の数の合計は，

　　3+7+3+7+2＝22〔個〕

よって，**1** が正答である。

No.2 の解説

　12個の正五角形の頂点の数は（5×12＝）60個，辺の数は（5×12＝）60本である。また，20個の正六角形の頂点の数は（6×20＝）120個，辺の数は（6×20＝）120本である。したがって，頂点の数の合計は，（60＋120＝）180個，辺の数の合計は（60＋120＝）180本となる。

　この多面体の1つの頂点には3つの面，1つの辺には2つの面が集まるので，

　頂点の数は，180÷3＝60〔個〕

　辺の数は，180÷2＝90〔個〕

　よって，**2** が正答である。

展開図とその応用

・正多面体の展開図についての見方，考え方を身に着け
　よう。
・立体の展開図は１つだけとは限らない。正四面体の２
　種類，正六面体の 11 種類は覚えておこう。

1 正多面体の展開図

正四面体，正六面体，正八面体の展開図は出題
頻度が高いので覚えておこう。

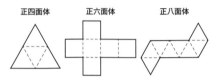

正四面体　　正六面体　　正八面体

展開図
立体を辺に沿って切り
開き，平面上に広げた
図を展開図という。

〔**例題 1**〕　次の図のような，20 個の正三角形をつないだ形の展開図が
ある。これを組み立てると正二十面体ができる。この正二十面体には，
辺，頂点はそれぞれいくつあるか。

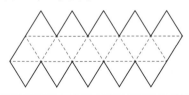

〔**解説**〕　20 個の正三角形がつながっていなけれ
ば，辺の数の合計は，$(3 \times 20 =)$ 60 本，頂点の
数の合計は，$(3 \times 20 =)$ 60 個である。

　これを正二十面体に組み立てるので，辺は 2 本
が 1 つに重なり，頂点には 5 つの面が 1 つに集ま
ることになる。したがって，

1 頂点に集まる面の数

重なる

5 つの面が集まる

辺の数：60÷2＝30〔本〕

頂点の数：60÷5＝12〔個〕

正二十面体

 展開図は 1 通りとは限らない

立体の展開図は 1 つだけとは限らない。たとえば，立方体（正六面体）の展開図は，全部で 11 種類ある。

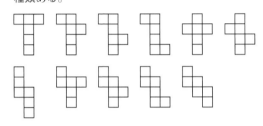

 立方体の面の位置関係

立方体は向かい合う面が平行である。辺や面の位置関係は，見取図を書いて考えよう。

〔例題2〕 右の図は，立方体の展開図である。この展開図を組み立てて立方体を作ったとき，面イと垂直になる面をすべて答えよ。

〔解説〕 立方体の見取図を書くと，次のようになる。面イと向かい合うのは面エ。それ以外の面は面イと垂直になるので，面ア，面ウ，面オ，面カが正答である。

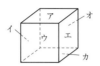

面の位置関係

立方体の面の位置関係は，次のように回転させながら考えることができる。

サイコロの表し方（五面図）

サイコロ（正六面体）の表面に数字が書かれているとき，右のように工夫して表すとわかりやすい。

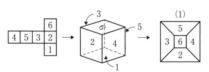

立方体は向かい合う面が平行なので，〔例題2〕では，
ア∥カ
イ∥エ
ウ∥オ
です。

---

2 展開図と辺，面の位置関係

正四面体の展開図

正四面体の展開図は2種類である。

〔例題3〕 右の図のように，正四面体の面に，4辺の中点を結ぶ直線を引いた。次のア～エのうち，この立方体の展開図として妥当なのはどれか。

ア

イ

ウ

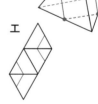
エ

〔解説〕 見取図から，正四面体の4面を1周するように線が引かれていることがわかる。そこで，展開図のそれぞれの線が，組み立てたときにどの

線とつながるかを調べると，次のようになる。

ア　　　イ　　　ウ　　　エ

よって，**ウ**が正答である。

 正八面体の展開図

正八面体の展開図では，どの辺とどの辺がつながるのかを見抜くことが必要である。それによって，展開図を書き替えることができる。

〔例題4〕　右の図のような，正八面体の展開図を組み立てたとき，頂点Bと重なる頂点，辺GHと重なる辺はどれか。

〔解説〕　右の図のように，△BCD，△GHIを転がすと，頂点Bは頂点P，頂点Fの順に移動し，辺GHは辺QJ，辺AJの順に移動する。

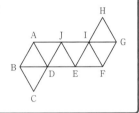

よって，頂点Bは頂点Fと重なり，辺GHはAJと重なる。

正四面体の展開図
次の2種類である。

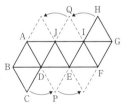

辺と辺のつながり
立方体の展開図と同様に，正四面体や正八面体の展開図では，正三角形を転がして移動して考えることができる。

180°回転

120°回転

TRY! ▶ 過去問にチャレンジ

正六面体の6面を1周するように線を引いたとき，その展開図として正しいのはどれか。　　　　　　　　　　　【地方初級】

1 　**2** 　**3** 　**4** 　**5**

No.2
右の図のような正八面体の展開図の2面に，白と黒の矢印が描かれている。展開図を組み立てて正八面体としたとき，矢印の描かれた面の位置関係が同一となるのは，次のうちどれか。

【地方初級】

1 　**2** 　**3**

4 　**5**

正答と解説

No.1 の解説

見取図を書くと，右のようになる。正六面体の6面を1周するように線が引かれているので，展開図のそれぞれの線が，組み立てたときにどの線とつながるかを調べると，次のようになる。よって，**5**が正答である。

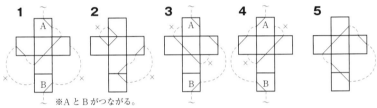

※AとBがつながる。

No2 の解説

見取図を書くと，右のようになる。白い矢印の先端に近い頂点をAとし，それと向かい合う頂点をBとして，この2つの頂点が展開図のどの位置にくるかを考える。もとの展開図より，黒い矢印は頂点Bを含むことがわかるので，選択肢は**2**と**5**に絞られる。

このとき，もとの展開図と同様に，黒い矢印の先端から右下の位置に頂点Bがくるのは，**2**である。

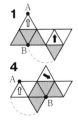

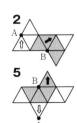

もとの展開図

投影図とその応用

★★
テーマ
19

・投影図（正面図，平面図，側面図）からもとの立体の見取図を書いてみよう。
・立体を積み重ねた立体の投影図から，積み重ねた立方体の個数を，段ごとに考えよう。

1 投影図の見方

立体を正面から見た図を **正面図**，真上から見た図を **平面図**，真横から見た図を **側面図** という。**投影図** とは，それら 3 つの方向から図をまとめて表したものである。

投影図は正面図と平面図の 2 方向のみで表す場合もあります。

〔**例題 1**〕　右の立方体を，4 点 A，B，C，D を通る平面で 2 つに切り分けた。このときの大きいほうの立体で，矢印の方向から見たときの正面図，真上から見たときの平面図，右横から見たときの平面図として最も妥当なものを，次の 1 ～ 6 から選べ。

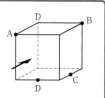

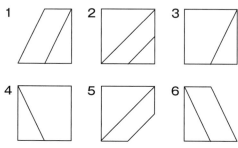

〔**解説**〕　切り口は，次の図のように台形になる。
よって，正面図は **4**，平面図は **5**，側面図は **3**

である。

2 投影図の2つの面から 他の1面を作る

2つの面上の点や線分の位置関係をつかみ，3つ目の投影図を当てはめていく。

〔例題2〕 右の図は，ある立体の正面図と平面図である。図のように見える立体のうち，体積が最も大きくなる立体の右横から見た側面図を書け。ただし，立体の面はすべて平面とする。

〔解説〕 正面図も平面図も正方形なので，立方体を切断して考える。正面図と平面図をもとに，見取図に切り口の線を書き入れると，図1のようになる。そして，AとD，BとCを結ぶと，図2のような長方形の切り口になることがわかる。

よって，切り分けた立体の大きいほうの側面図は，次のようになる。

切り口

切り口が平面でなくてもよければ，次のような立体も考えられる。

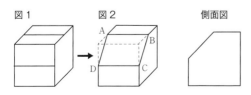

3 投影図から立体の見取図をイメージする

　正面図，平面図，側面図を手がかりに，立体の形を考える。立体をイメージできれば，問題が解きやすくなる。

〔**例題3**〕　図1は，底面が1辺10cmの正方形で，高さが5cmの直方体を，いくつかの平面で切り落としてできた立体の投影図である。図2を利用して，この立体の見取図を書け。

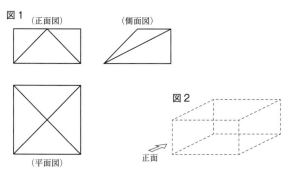

〔**解説**〕　見取図は，次の図のようになる。

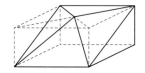

4 積み上げられた立体の個数を見る

　テーマ17「立体の組立て」と同様に，段ごとに分けて考えていく。

〔例題4〕 次の図は，同じ大きさの立方体を積み重ねてできた立体を，真上，正面，右横から見た図を表している。この立体を作るために用いた立方体の個数として考えられる最少と最多の数をそれぞれ答えよ。

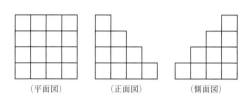

(平面図)　　(正面図)　　(側面図)

〔解説〕 下の段から順に立方体を数えると，次のようになる。○は立方体が積まれていること，×は立方体が積まれていないことを表している。

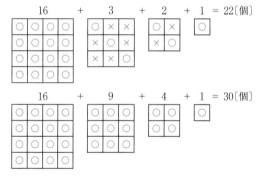

どちらの場合も，問題で与えられた投影図で表すことができる。よって，最少の数は22個，最多の数は30個である。

立体の個数

段ごとではなく，次のように平面図に直接個数を書きながら考えることもできる。

【最少の場合】

【最多の場合】

TRY! ▶ **過去問にチャレンジ**

No.1　図のように2つの直方体を組み合わせて作った立体の表面積はいくらか。　【国家一般職／税務／社会人】

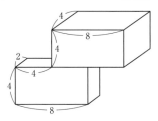

1 256　**2** 264　**3** 272　**4** 280　**5** 288

No.2　次のア〜エは，ある立体を四方から見たものである。この立体を真上から見た図として，最も妥当なのはどれか。　【警視庁】

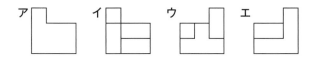

1　**2**　**3**

4　**5**

No.1 の解説

問題の見取図を投影図に表すと，次のようになる。

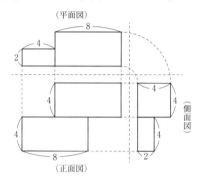

（平面図）

（側面図）

（正面図）

この投影図をもとに，表面積を求めればよい。

平面図の面積…$2×4+4×8=40$〔cm^2〕

正面図の面積…$4×8×2=64$〔cm^2〕

側面図の面積…$4×4+4×2=24$〔cm^2〕

平面図は真上と真下，正面図は正面と裏，側面図は右横と左横の面積がそれぞれ同じなので，この立体の表面積は，

$(40+64+24)×2=256$〔cm^2〕

よって，**1** が正答である。

No.2 の解説

アを左横，**イ**を正面，**ウ**を右横，**エ**を裏から見たものとして見取図を書くと，右のようになる。したがって，この立体を真上から見た図は **3** である。

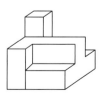

1 「回転体」の意味をつかむ

　　回転体の問題では，どんな回転体ができるか，逆にどんな図形を回転させたかを把握することが重要である。

回転体
1つの平面図形を平面上の直線の周りに1回転させてできる立体。

〔例題1〕　右の図のような直角二等辺三角形と正方形からなる図形を，点Aと点Bを結ぶ直線を軸として回転させたとき，得られる立体を表した図として，妥当なのはどれか。

1	2	3	4	5

〔解説〕　右の図のように，直線ABを軸にしてこの図形を1回転させたときにできる立体は，円柱と円すいを組み合わせた立体である。よって，**3**が正答である。

　1を選ばないように注意すること。**1**は，問題の図を右のように直線lを軸にして回転させたときにできる立体である。

回転体の切り口
回転体はすべて，回転軸に垂直な平面で切ると，切り口が円になることも覚えておこう。

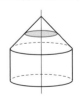

基本的な回転体と体積

長方形，三角形，半円を次のように回転させると，それぞれ円柱，円すい，球ができる。体積の求め方も覚えておこう。

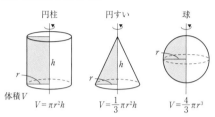

円柱　　円すい　　球

体積 V　$V = \pi r^2 h$　$V = \frac{1}{3}\pi r^2 h$　$V = \frac{4}{3}\pi r^3$

2 1つの平面図形からいろいろな回転体ができる

同じ平面図形でも，回転軸の位置によって，できる立体も，その体積も異なる。

〔例題2〕 次の図のような AB＝1，BC＝2の直角三角形ABCにおいて，辺AB，辺BC，辺CAを軸として回転したときにできる立体の体積をそれぞれ V1，V2，V3 とする。V1，V2，V3 の大小関係として，最も妥当なのはどれか。ただし，$\sqrt{5} = 2.2$ とする。

1 　V1 ＞ V2 ＞ V3
2 　V1 ＞ V3 ＞ V2
3 　V2 ＞ V1 ＞ V3
4 　V2 ＞ V3 ＞ V1
5 　V3 ＞ V2 ＞ V1

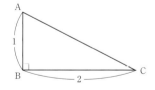

〔解説〕 三平方の定理より，辺 AC の長さは，

$$1^2 + 2^2 = AC^2 \rightarrow AC = \sqrt{5} = 2.2$$

回転体 V1，V2，V3 の見取図は，それぞれ次

三平方の定理
三平方の定理の考え方は，p.223「三平方の定理」を参照。

のとおりである。

V1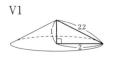
V2
V3

V1 と V2 は1つの円すい，V3 は2つの円すい
を組み合わせた立体である。△ ABC の面積を1
とすると，それぞれの体積は，

$$V1 = 2 \times 2 \times \pi \times 1 \times \frac{1}{3} = 4\pi \times \frac{1}{3}$$

$$V2 = 1 \times 1 \times \pi \times 2 \times \frac{1}{3} = 2\pi \times \frac{1}{3}$$

$$V3 = 0.9 \times 0.9 \times \pi \times 2.2 \times \frac{1}{3} = 1.782\pi \times \frac{1}{3}$$

よって，V1 ＞ V2 ＞ V3 なので，**1** が正答である。

3 立体の切り口の図形

立体の切断に関する問題では，切り口の形を正
しくつかむことが重要である。

〔例題3〕 次のような正四面体 ABCD があり，3
点 P，Q，R を通る平面で切断したとき，その切断
面はどのような図形になるか。ただし，P，Q，R
は各辺の中点を表す。

〔解説〕 線分 PR を引く。この線分が切り口の辺
となる。次に，点 Q を通り，PR に平行な直線を

△ ABC の高さ

底辺を AC としたとき
の高さ h は，

$$2.2 \times h \times \frac{1}{2} = 1$$
$$h \fallingdotseq 0.9$$

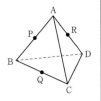

2つの円すい

V3 の体積を求める式
は，小さい円すいの高
さを a，大きい円すい
の高さを b とすると，
$a+b=$AC$=2.2$ なので，

$$V3 = 0.9 \times 0.9 \times \pi \times a \times \frac{1}{3}$$
$$+ 0.9 \times 0.9 \times \pi \times b \times \frac{1}{3}$$
$$= 0.9 \times 0.9 \times \pi \times (a+b) \times \frac{1}{3}$$
$$= 0.9 \times 0.9 \times \pi \times 2.2 \times \frac{1}{3}$$

引いて，正四面体との交点を
求め，Sとする。そして，線
分PQ，RSを引くと右の図
のようになる。

Sは辺CDの中点
です。

　よって，切断面は正方形である。

立方体の切り口の図形

　立方体は，切り方によって切り口の図形が変化
する。ただし，立方体の面は6つなので，切り口
の図形の辺が各面で1つずつできたとしても**最大
で六角形**までしかできない。

三角形

四角形

五角形

六角形

多面体の切り口の性質
平行な2つの面の切り
口は平行である。

〔**例題4**〕　次のA～Dのうち，正六面体の頂点を2つのみ含む平面で
正六面体を切り分けたときの切り口としてありえる図形はどれか。妥
当なものを2つ選べ。

　　A　正七角形

　　B　正三角形

　　C　等脚台形

　　D　平行四辺形

〔**解説**〕　正六面体（立方体）を切り分けても正七
角形にはならない。B，C，Dはそれぞれ次ペー
ジの図のような切り口になるので，**C**と**D**が妥
当である。

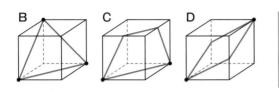

B   C   D

〔**例題5**〕 立方体4個を接着させて右の図のような立
体を作った。この立体を1つの平面で切断したときの
切断面としてありえないのはどれか。

1   2   3   4   5

〔**解説**〕 **2，3，4，5**は，次の図のように切断
したときの断面図である。よって，**1**がありえな
い。

2

3

4

5

切り口の図形

切り口の角度に注意
する。たとえば，**2**は
4つの立方体が切断さ
れ，**3**は3つの立方体
が切断されている。

TRY! 過去問にチャレンジ

右の図のように，直角三角形2枚を組み合わせた図形がある。直線 *l* を軸として，この図形を回転させてできた立体を，直線 *l* を含む平面で切断したときの断面図として正しいのはどれか。 【地方初級】

1

2

3

4

5

図のような，同じ大きさの白と黒の小立方体の計64個を交互に積み上げて作った立方体がある。この立方体を，頂点A，B，Cを通る平面で切断するとき，切断される黒の小立方体の数はいくつか。

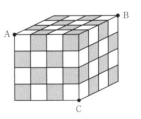

【国家一般職／税務／社会人】

1 6個　　**2** 8個　　**3** 10個

4 12個　　**5** 14個

正答と解説

No.1 の解説

直線 *l* を軸として回転させると，2 つの直角三角形は
それぞれ円すいになり，右のように 2 つの円すい台を
組み合わせた立体になる。

よって，直線 *l* を含む平面で切断したときの断面図と
して正しいのは，**4** である。

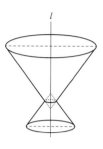

No.2 の解説

3 つの頂点 A，B，C を通る平面で切断すると，
切り口の辺は右の図のようになる。これを段ごと
に分け，上の段から順に，切断される黒の小立方
体の個数を調べていく。

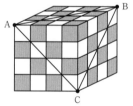

1 段目…3 個

2 段目…2 個

3 段目…1 個

4 段目…0 個

したがって，切断される黒の小立方体の数は，

3＋2＋1＋0＝6〔個〕

よって，**1** が正答である。

1段目	2段目	3段目	4段目

Chapter

02

数的推理
（数的处理）

★★★

テーマ

01 数の計算

・数の範囲や，数の大きさなどの条件を押さえ，解法の手がかりにしよう。
・四則演算の手順を覚えよう。
・整数の性質や演算の規則を利用して，問題の解き方を考えよう。

1 整数

 整数の範囲

整数の分類は，次の①，②に注意して覚えておく。

①整数には，「**負の整数**」「**0**」「**正の整数**」がある。
「0」は，正の整数にも負の整数にも当てはまらない。正の整数を「**自然数**」という。

②「**以上，以下**」はその数を含む。「**未満，より大きい，より小さい**」はその数を含まない。

・「a は□以上」…$a >$□ または $a =$□

・「a は□以下」…$a <$□ または $a =$□

・「a は□未満」…$a <$□

・「a は□より大きい」…$a >$□

・「a は□より小さい」…$a <$□

$$
整数 \begin{cases} 正の整数（自然数）\\ 0（ゼロ）\\ 負の整数 \end{cases}
$$

整数

$$
\cdots \ -3 \ -2 \ -1 \quad 0 \quad 1 \quad 2 \quad 3 \quad \cdots
$$

負の整数 　　 ゼロ 　　 正の整数 自然数

不等号 ≧，≦

「以上，以下」を示す不等号は「≧，≦」を用いる。

2 四則演算

 加法，減法，乗法，除法

四則演算は，次の①，②の優先順位で計算する。計算の順序を間違えないようにしよう。

> ①累乗や（　）がある場合は，累乗や（　）の中を優先して計算する。
>
> ②乗法（×）と除法（÷）を先に計算して，次に，加法（＋）と減法（－）を計算する。

〔例１〕

(1) $(16-6) \div 2 = 10 \div 2 = 5$

(2) $16-6 \div 2 = 16-3 = 13$

(3) $15-(8-2) = 15-6 = 9$

(4) $15-8-2 = 5$

〔例２〕

(1) $1 \times 2 + 3 \times 4 + 5 = 2 + 12 + 5 = 19$

(2) $1 + 2 \times 3 + 4 \times 5 = 1 + 6 + 20 = 27$

(3) $36 \div 12 - 6 \div 3 = 3 - 2 = 1$

(4) $36 - 12 \div 6 - 3 = 36 - 2 - 3 = 31$

〔例３〕

(1) $(-a^2) = -a^2$

(2) $(-a)^2 = a^2$

(3) $a^5 \times a^2 = a^{5+2} = a^7$

(4) $(a^4)^2 = a^{4 \times 2} = a^8$

(5) $\left(\dfrac{2}{3}\right)^3 = \dfrac{2^3}{3^3} = \dfrac{8}{27}$

累乗

同じ数または同じ文字をいくつかかけたものを，その数の累乗という。累乗は，次のように表す。

$8 \times 8 = 8^2$（8の2乗）

$a \times a \times a = a^3$（aの3乗）

右上の小さい数2, 3を指数という。

よく使われる指数法則

$a^m \times a^n = a^{m+n}$

$(a^m)^n = a^{m \times n}$

$(ab)^n = a^n b^n$

$\left(\dfrac{b}{a}\right)^n = \dfrac{b^n}{a^n}$

計算の区別

次の計算の違いに気をつけよう。

$-5^2 = -5 \times 5$
$\quad\quad = -25$

$(-5)^2 = (-5)(-5)$
$\quad\quad\quad = 25$

分配法則の利用

$a \times (x+y)$
$= a \times x + a \times y$

を利用して計算を工夫する。

$4.3 \times 17 + 4.3 \times 3$
$= 4.3 \times (17+3)$
$= 4.3 \times 20$
$= 86$

整数の性質や演算の規則の利用

①演算結果の数値の小さいものほど加法や乗
法の組合せが少ないので，条件に合わせて
組合せを絞り込みやすい。

②減法や除法の数値の大小関係に整数の性質
を組み合わせるタイプの問題にも注目する。

〔例題1〕 次の数式の同じ文字は同じ数値を表す。Eの値を求めよ。
ただし，1番下の数字は各列の数字をそれぞれ加えたものである。

$$A + B = D$$
$$C - B = B$$
$$\underline{+)\ \ A \times E = D}$$
$$\ \ \ \ \ 36\ \ \ 27\ \ \ 48$$

〔解説〕 数式が多いので，そのまま見て解くので
はなく，まずそれぞれの数式を整理して書き出す。

$$A + B = D \qquad \cdots\cdots ①$$
$$C - B = B \ \rightarrow\ C = 2B \qquad \cdots\cdots ②$$
$$AE = D \qquad \cdots\cdots ③$$
$$A + C + A = 2A + C = 36 \quad \cdots\cdots ④$$
$$B + B + E = 2B + E = 27 \quad \cdots\cdots ⑤$$
$$D + B + D = B + 2D = 48 \quad \cdots\cdots ⑥$$

整理すると，②C＝2Bを④2A＋C＝36に代入
できることがわかる。

$$2A + 2B = 36$$

この式の両辺を2で割ると，

$$A + B = 18$$

④～⑥は縦の計算
で，演算記号をは
ずして，足し算しま
す。

②を④に代入して
から次の手がかり
を探します。このよ
うな問題は，手を
動かしながら考える
ことが重要です。

この式を①に代入することで，D の値が求められる。

$$A + B = D \rightarrow 18 = D$$

次に，③を AE = 18 とし，この式を⑥ B + 2D = 48 に代入すると，

$$B + 2 \times 18 = 48$$
$$B = 48 - 36$$
$$B = 12$$

よって，B = 12 を⑤に代入して，

$$2 \times 12 + E = 27$$
$$E = 27 - 24$$
$$E = 3$$

〔例題２〕 連続する４つの自然数があり，それぞれの２乗の和が1526である。４つの自然数の和を求めよ。

〔解説〕 ２次方程式にすると複雑になるので，見当を付けてから，計算で確認する。

$$1526 \div 4 = 381.5$$

381 に近い数として，$20^2 = 400$ であることを手がかりにする。381 の前後で連続する４つの整数の２乗の和は，

$$18^2 + 19^2 + 20^2 + 21^2$$
$$= 324 + 361 + 400 + 441$$
$$= 1526$$

よって，連続する４つの整数の和は，

$$18 + 19 + 20 + 21 = 78$$

２次方程式の解き方
２次方程式で考える解き方とは，たとえば，４つの自然数を $x-1$, x, $x+1$, $x+2$ と置いて２乗の和で２次方程式にする解き方である。

No.1 19以下の7つの異なる正の整数A～Gについて，次の**ア～オ**の式が成り立つとき，(A－B)×(B＋C)²×(D＋E)＋(F＋G)の値はどれか。 【特別区】

ア A×B＝24   **イ** B×C＝6   **ウ** C×D＝20

エ B×E＝18   **オ** F×G＝84

1 1171   **2** 1843   **3** 2019   **4** 2714   **5** 3219

No.2 A～Eの5人の中で2人合わせた体重を測定したところ，92kg，95kg，97kg，107kg，109kg，112kg，116kg，118kg，121kg，133kgとなった。A～Eの5人の中で3番目に軽い者の体重として，最も妥当なのはどれか。 【警視庁】

1 49kg   **2** 50kg   **3** 51kg   **4** 52kg   **5** 53kg

正答と解説

No.1 の解説

イのB×Cは，「1×6」と「2×3」が考えられる。

B＝1ならば，**ア**はA×1＝24 → A＝24で，Aが19より大きくなってしまい，C＝1ならば，**ウ**は1×D＝20 → D＝20で，やはり，Dが19より大きくなってしまう。したがって，B×Cは「2×3」である。

このとき，C＝3ならば，**ウ**は3×D＝20 → D＝6.666…となり，Dが整数でなくなるので，BとCは，

B＝3 ……①   C＝2 ……②

アより，A×B＝3A＝24 → A＝8　……③

ウより，C×D＝2D＝20 → D＝10……④

エより，B×E＝3E＝18 → E＝6　　……⑤

また，**オ**のF×Gは，「1×84」，「2×42」，「3×28」，「4×21」，「7×12」が考えられるが，どちらも20以下の組合せは7×12だけである。したがって，

　　　F＋G＝7＋12＝19　　　　　　……⑥

①〜⑥を問題の式に代入すると，

　　　(8−3)×(3+2)²×(10+6)＋19＝5×25×16＋19＝2019

よって，**3**が正答である。

No2 の解説

5人の体重を軽い方から順にp kg，q kg，r kg，s kg，t kgとすると，2人合わせた体重は，5人がそれぞれ4回測定したものだから，

　　　$4p+4q+4r+4s+4t$

　　　$=92+95+97+107+109+112+116+118+121+133$

　　　$=1100$

この式の両辺を4で割ると，

　　　$p+q+r+s+t=275$

pとqが軽いほうから1番目と2番目なので，

　　　$p+q=92$

sとtが軽いほうから4番目と5番目なので，

　　　$s+t=133$

したがって3番目に軽い体重rは，

　　　$r=275-(p+q)-(s+t)=275-92-133=50$

よって，**2**が正答である。

★★★

テーマ **02**

約数・倍数

・素数の意味と素因数分解の手順を理解し，整数の約数を導こう。
・最大公約数・最小公倍数の意味を理解し，式を用いて問題を解いてみよう。

---

1 約数・倍数

素数と素因数分解

約数が1とその数自身の2個しかない整数を，**素数**という。素数は小さい順に，

2, 3, 5, 7, 11, 13, 17, 19, …

と続く。正の整数を素数の積で表すことを，「素因数分解する」という。

〔例1〕 600を素因数分解しなさい。

〔解説〕
$$
\begin{array}{r}
2)\overline{600} \\
2)\overline{300} \\
2)\overline{150} \\
3)\overline{75} \\
5)\overline{25} \\
5
\end{array}
$$

$\rightarrow 600 = 2^3 \times 3 \times 5^2$

公約数と最大公約数

2つ以上の整数に共通する約数を**公約数**という。たとえば，18の約数は |1, 2, 3, 6, 9, 18|，24の約数は |1, 2, 3, 4, 6, 8, 12, 24|

約数・倍数

2つの整数A,Bがあり，AがBで割り切れるとき，BはAの約数であるという。たとえば，12の約数は，1, 2, 3, 4, 6, 12の6個である。整数Aを1倍，2倍，3倍，…した積をAの倍数という。
たとえば，4の倍数は，4, 8, 12, 16, …である。

1は素数の仲間に入りません。

素数の約数は2個

5を整数の積で表すと「1×5」のように1通りの表し方しかないので，5の約数は2個とわかる。

素数の積で表す

同じ素数が複数含まれるときは，$2^3 \times 3 \times 5^2$のように，累乗の指数で表す。

氏名	フリガナ						
住所	□□□-□□□□						
E-mail							

『公務員合格講座』 総合案内書 無料請求欄	通信講座「公務員合格講座」の総合案内書を無料でお送りします。ご希望の場合は、右記に○をおつけください。	

ご記入された個人情報は『公務員合格講座』総合案内書の送付、企画の参考のみに使用するもので、他の目的では使用いたしません。

【ご購入いただいた本のタイトルをお書きください】

タイトル

【本書の感想や、気になった点があればお書きください】

【この本を購入した理由を教えてください】（複数回答可）

① 読みやすそう・使いやすそうだから　② 人にすすめられたから
③ 値段が手頃だから　④ ボリュームが丁度いいから　⑤ デザインがいいから
⑥ その他（　　　　　　　　　　　　　　　　　　　　）

【この本は、何でお知りになりましたか】（複数回答可）

① ウェブ・SNS（　　　　　　　　　　）　② 当社ホームページ　③ 書店　④ 生協
⑤ 当社の刊行物（受験ジャーナル、書籍、パンフレット）
⑥ 学校の先生から　⑦ 先輩・知人にすすめられて

【何の試験を受験されますか】

①受験される試験（　　　　　　　　　　　　　　　　　　　　　）

②受験される職種（　　　　　　　　　）

【差し支えない範囲で結構ですので、下記の情報をご記入ください】

◇ ご職業　① 大学生　② 大学院生　③ 高校生　④ 短大・専門学校生
　　　　学校名（　　　　　　　　　　　　　）　学年（　　　　年）
　　　　　　⑤ 会社員　⑥ 公務員　⑦ 自営業　⑧ その他（　　　　　）
◇ 性別　男・女　　　　　◇ 年齢（　　　　　　歳）

ご協力ありがとうございました。

なので，18 と 24 の公約数は，{1, 2, 3, 6} の 4 つである。

公約数のうち最も大きい公約数を**最大公約数**という。2 つの整数 A，B に対して最大公約数を G とすると，

A ＝ Ga，B ＝ Gb

このとき，a と b の公約数は 1 だけになる。たとえば，18 と 24 の最大公約数 G は 6 なので，

18 ＝ G×a ＝ 6×3

24 ＝ G×b ＝ 6×4

よって，3 と 4 の公約数は 1 だけである。

$108 = 2^2 \times 3^3$ と $180 = 2^2 \times 3^2 \times 5$ のような場合，最大公約数 G は，

G $= 2^2 \times 3^2 = 36$

$a = 3$
$b = 4$

$108 = 36 \times 3$, $a = 3$
$180 = 36 \times 5$, $b = 5$
3 の約数は {1, 3}
5 の約数は {1, 5}
なので，3 と 5 は 1 以外の公約数を持ちません。

 公倍数と最小公倍数

2 つ以上の整数に共通する倍数を**公倍数**という。たとえば，6 と 8 の公倍数は，

{24, 48, 72, …}

公倍数のうち最も小さい数を**最小公倍数**という。2 つの整数 A，B に対して，最大公約数を G とすると，A ＝ Ga，B ＝ Gb であるから，最小公倍数 L は，L ＝ Gab で求めることができる。たとえば，18 と 24 の場合，18 ＝ G×a ＝ 6×**3**，24 ＝ G×b ＝ 6×**4** なので，最小公倍数 L は，

L ＝ G×a×b ＝ 6×**3**×**4** ＝ 72

6 の倍数と 8 の倍数
6 の 倍 数 は {6, 12, 18, 24, 30, 36, 42, 48…}
8 の 倍 数 は {8, 16, 24, 32, 40, 48, 56…}

公倍数
公倍数は「最小公倍数の倍数」である。

である。同じように考えて，108 と 180 の場合，
最小公倍数 G は 36 なので，

$$108 = G \times a = 36 \times 3$$
$$180 = G \times b = 36 \times 5$$

よって，

$$L = G \times a \times b = 36 \times 3 \times 5 = 540$$

と求めることができる。

2 素因数分解と約数の個数

自然数 N を素因数分解した結果が $N = p^a q^b r^c \cdots$
であるとき，約数の個数を表す式は，

$$(a+1)(b+1)(c+1) \cdots \text{〔個〕}$$

と表すことができる。たとえば，2520 の約数の
個数は，$2^3 \times 3^2 \times 5 \times 7 = 2520$ より，

$$(3+1) \times (2+1) \times (1+1) \times (1+1)$$
$$= 4 \times 3 \times 2 \times 2 = 48 \text{〔個〕}$$

これは，次のように考えることができる。2^3，
3^2，5，7 の約数はそれぞれ，

2^3 の約数：$\{1,\ 2,\ 4,\ 8\}$ の 4 通り

3^2 の約数：$\{1,\ 3,\ 9\}$ の 3 通り

5 の約数：$\{1,\ 5\}$ の 2 通り

7 の約数：$\{1,\ 7\}$ の 2 通り

このとき，4 つの $\{ \quad \}$ の中のどの数を選ん
でかけ合わせても必ず 2520 の約数になるので，

4 通り × 3 通り × 2 通り × 2 通り = 48 個

と求めることができる。

**自然数を素数の積の形
で表す**

```
2)2520
2)1260
2) 630
3) 315
3) 105
5)  35
     7
```

→$2520 = 2^3 \times 3^2 \times 5 \times 7$

累乗

$2^3 = 2 \times 2 \times 2 = 8$
$3^2 = 3 \times 3 = 9$
$5^1 = 5$
$7^1 = 7$

〔例2〕 111 をかけると 10101 となる自然数がある。この自然数の約数の総和を求めよ。

〔解説〕 この自然数は，$10101 \div 111 = 91$ である。約数が見えにくい2ケタの数の中で，特に注意しておきたい数に，

$$51 = 3 \times 17, \quad 57 = 3 \times 19, \quad 91 = 7 \times 13$$

などの素数の積がある。51 や 57 は 3 の倍数であるから，17 や 19 などの素数は気づきやすい。しかし，91 は要注意の数である。91 の約数は，

$$\{1, \ 7, \ 13, \ 91\}$$

よって，91 の約数の総和は，

$$1 + 7 + 13 + 91 = 112$$

総和
複数の数をすべて足した和を総和という。

3の倍数の見分け方
各位の数の和が3の倍数のとき，その数は3の倍数である。
$5 + 1 = 6$ は 3 の倍数だから，51 は 3 の倍数とわかる。
$5 + 7 = 12$ は 3 の倍数だから，57 は 3 の倍数とわかる。
この性質は何ケタの整数でも当てはまる。
9 の倍数にも，同じ性質がある。

〔例題1〕 2ケタの正の整数 A，B の最小公倍数が 270 で，最大公約数が 18 であるとき，A と B との差を求めよ。

〔解説〕 最大公約数 $G = 18$ より，a, b を正の整数で，$A > B$ として，$A = 18a$，$B = 18b$ と表す。

最小公倍数 $L = 270$ より，

$$L = Gab = 18ab = 270 \quad \rightarrow \quad ab = 15$$

したがって，$a = 15$，$b = 1$ または $a = 5$，$b = 3$ とわかる。

$a = 15$，$b = 1$ のとき，$A = 270$，$B = 18$ で，A が2ケタではないので不適切である。

$a = 5$，$b = 3$ のとき，$A = 90$，$B = 54$ で，適切である。よって，A と B との差は，

$$A - B = 90 - 54 = 36$$

TRY! 過去問にチャレンジ

No.1 ある自然数 A，B は，最大公約数が 10，最小公倍数が 7140 で，A は B より 130 大きい。自然数 A と B の和はどれか。【特別区】

1 420　**2** 550　**3** 680　**4** 810　**5** 940

No.2 564，1194，1698 をある 2 ケタの自然数で割ったら，どれも余りが 60 となった。ある 2 ケタの自然数として，最も妥当なのはどれか。【東京消防庁】

1 61　**2** 62　**3** 63　**4** 64　**5** 65

正答と解説

No.1 の解説

G=10 より，a, b を正の整数として，A=10a，B=10b と表す。L=7140 なので，

$$10ab=7140 \quad \rightarrow \quad ab=714$$

ここで，119=7×17 であることに気づけば，714 を，

$$714=6×119=2×3×7×17$$

と素因数分解することができる。

a>b であるから，a×b の組合せは，714×1，357×2，238×3，119×6，102×7，51×14，42×17，34×21 の 8 通り。

$$A-B=10a-10b=130 より，$$
$$10a-10b=130$$
$$10(a-b)=130$$

$a-b=13$

したがって，34－21＝13 より，a と b の組合せは，$a=34$，$b=21$ とわかるので，A＝10a＝10×34＝340，B＝10b＝21×10＝210 より，A と B の和は，

340＋210＝550

よって，**2** が正答である。

100 までの自然数ならば，2，3，5，7 でいずれも割り切れない数は素数である。200 までの自然数ならば，2，3，5，7，11，13 でいずれも割り切れない数は素数である。

No.2 の解説

564, 1194, 1698 を割って 60 余る数とは，(564－60) を割っても，(1194－60) を割っても，(1698－60) を割っても割り切れる公約数で 60 より大きい 2 ケタの数である。

564－60＝504, 1194－60＝1134, 1698－60＝1638

だから，それぞれの数を素因数分解すると，

$504=2^3×3^2×7, 1134=2×3^4×7, 1638=2×3^2×7×13$

1638 は，91＝7×13 に気づくと早く求めることができる。3 つの数の最大公約数 G は，

$G=2×3^2×7$

公約数は最大公約数の約数なので，{1，2，3，6，7，9，14，18，21，42，63，126} のうちから 60 より大きい 2 ケタの 63 を選ぶ。

よって，**3** が正答である。

この問題は，$G=2×3^2×7$ まで求めることができれば，約数をすべて書き出さなくても，選択肢から **3** が正答とわかる。

覆面算・方陣算

・覆面算で用いる整数の性質を理解しよう。
・方陣算の基本的な解法のポイントをしっかり押さえる
　ことで，解き方の手順を身に着けよう。

1 覆面算でよく使われる整数の性質

①2つの整数の和で繰上りがあれば，繰り上
　がる数は1である。
②3つの整数の和で繰上りがあれば，繰り上
　がる数は1または2である。

覆面算
覆面算とは，計算式の
全部または一部の数字
を別の文字や記号に置
き換えたもので，それ
をもとの数字に戻す問
題である。

〔例題1〕 1〜9のうち，異なる数字を選んでA, B, C,
Dとする。3つの文字を並べて右のように3ケタの筆算
をしたとき，Dの数を求めよ。

$$\begin{array}{r} ABC \\ ABC \\ +)\ ACB \\ \hline DBB \end{array}$$

〔解説〕 $X+B=B$という式の場合，Xは0以外に
は考えられない。問題の一の位について，$C+C+B=B$の「$C+C$」の和の一の位の数がこのXに当
たるので，$C=5$とわかる（$C+C=5+5=10$）。

　十の位について，一の位から1繰り上がるので，
$$1+B+B+C=1+2B+5=2B+6$$

　繰り上がりがないとき：$2B+6=B \rightarrow B=-6$

　1繰り上がるとき：$2B+6=10+B \rightarrow B=4$

　2繰り上がるとき：$2B+6=20+B \rightarrow B=14$

　よって，$B=4$

百の位について、十の位から1繰り上がるので、

$1 + A + A + A = 1 + 3A = D$

A=1のときは、D=4でD=Bとなるため、不適切である。A=2のときは、D=7となるため適切である。また、A=3のときは、D=10で2ケタの数になるため不適切である。

よってD=7が正答である。

A=1のとき、
1+3A=1+3=4=D
A=2のとき、
1+3A=1+6=7=D
A=3のとき、
1+3A=1+9=10=D

2 方陣算の解法のコツ

3×3型

9個のマスに1～9の数を入れて、縦、横、斜めのどの3つの数の和も等しくなるようにする。

〔3×3型のルール〕

① 1から9までの数の和は**45**。よって、縦、横、斜めの各列の3つの数の和は、常に45÷3=15となる。

② 中央の数は**5**。次の図で、㋐+㋑+㋒+㋓=15×4=60 図の中央の数をaとすると、㋐～㋓の4列が中央で重なる($4a$)ので、㋐～㋓の和は、次のように表すことができる。

$4a + (45 - a) = 60$

したがって、aは、

$3a + 45 = 60$

$3a = 15$

$a = 5$

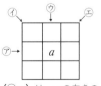

（○→）は、→の向きの3個の数の和を表す

方陣算
数字を縦と横に同じ数だけ並べて、縦、横、斜めの和がすべて等しくなるようにした問題を方陣算という。

1から9までの和
1+2+3+4+5+6+7+8+9=45

他の数は1回だけ加えられ、aだけ4回加えられていることに注目しましょう。

③中央の5を挟む2つの数の和は(15−5)=**10**

④1（と9）は角には入らず，1を挟む2つの
数が8と6になる。

1 が角に入っても，
1+5+9=15，1+8
+6=15 の 2 パター
ンしか 15 を作るこ
とができないことを
確認しましょう。

 **4 × 4 型**

16 個（4×4）のマスに 1 〜 16 の数を入れて，縦，
横，斜めのどの 4 つの数の和も等しくなるように
する。

〔4×4 型のルール〕

①1 から 16 までの数の和は 136 だから，1 列
に入る 4 つの数の和は （136÷4＝）**34**

②次の図の，色のついた 4 つのマスの数の和
は，いずれも **34**

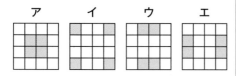

ア　イ　ウ　エ

　　右の魔方陣で，各列の
数の和や上の模様のつい
た 4 つのマスの数の和が
34 であることを確かめて
みよう。

14	2	11	7
13	1	8	12
4	16	9	5
3	15	6	10

③公務員試験で出題される魔方陣のタイプに
は，中心の・印に関して点対称な位置にあ
るマスの数の和が **17** になるものが多い。

1から16までの和
1+2+3+4+5+6+7
+8+9+10+11+12
+13+14+15+16=
136

4つのマスの数の和
ア 1+8+16+9=34
イ 14+7+3+10=34
ウ 2+11+15+6=34
エ 13+4+12+5=34

魔方陣
$n×n$ 個の正方形の方陣
に数字を入れ，縦，横，
斜めのいずれの列につ
いてもその列の和が一
定になる表のこと。

よく出題される魔方陣

		2	
10			
		7	
	15		

〔**例題2**〕 次の魔方陣は・印に関して点対称な位置にあるマスの数の和が 17 になる。$a \sim h$ に当てはまる数を求めよ。

〔**解説**〕 $a + 16 = 17$ より，
$$a = 17 - 16 = 1$$

a	14	15	b
12	c	d	9
e	11	10	f
13	g	h	16

点対称

1 つの点を中心に図形を 180° 回転させたとき，もとの図形と一致する図形を点対称な図形であるという。

同様に，
$$b = 17 - 13 = 4, \quad c = 17 - 10 = 7$$
$$d = 17 - 11 = 6, \quad e = 17 - 9 = 8$$
$$f = 17 - 12 = 5, \quad g = 17 - 15 = 2$$
$$h = 17 - 14 = 3$$

〔**例題3**〕 右のような 1 ～ 16 までの数字を 1 つずつ使った魔方陣があり，縦，横，対角線に並ぶ数字それぞれの合計は等しいが，A，B，●の部分は数字が隠されていて見えない。このとき，A と B に入る数字の和として，正しいのはどれか。

●	A	3	13
5	●	●	●
●	7	6	●
●	14	B	1

1 12 **2** 14 **3** 17 **4** 20 **5** 23

〔**解説**〕 4×4 型の魔方陣に共通する性質を利用する。〔4×4 型のルール②〕の**ウ**と同様に，マスの数の和が 34 になるので，
$$A + 3 + 14 + B = 34$$
$$A + B + 17 = 34$$
$$A + B = 34 - 17 = 17$$
よって，**3** が正答である。

〔**例題3**〕の別解

〔**例題3**〕は，3 のマスと 14 のマスが魔方陣の中心で点対称であり，和が 3 + 14 = 17 である。

同様に，A のマスと B のマスも中心で点対称なので，A + B = 17 と解くこともできる。

TRY! 過去問にチャレンジ

No.1 次の計算式において，空欄 A～G にそれぞれ，0～9 の数字のうち，1 と 3 とを除くいずれかの 1 つの数字が入るとき，空欄 G に入る数字として，正しいのはどれか。ただし，アルファベットが同一の空欄には，同一の数字が入る。 【東京都】

1 4

2 5

3 6

4 7

5 8

$$
\begin{array}{r}
\boxed{A}\,\boxed{B}\,\boxed{C} \\
\times \quad 3\,\boxed{D} \\
\hline
\boxed{E}\,\boxed{A}\,\boxed{F}\,3 \\
1\,\boxed{G}\,\boxed{G}\,1 \\
\hline
\boxed{B}\,\boxed{F}\,\boxed{F}\,\boxed{E}\,3
\end{array}
$$

No.2 図のように，9 個の○印を正三角形状に配置し，1～9 までの数字を 1 つずつ入れる。各辺 4 個の○印内に入れられた数字の和はいずれも 20 であり，5 と 8 の位置は判明している。また，$a+b=16$，$c+d=8$ である。このとき，$b+c$ の値はいくらか。

【地方初級】

1 8

2 9

3 10

4 11

5 12

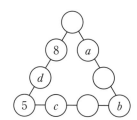

154

正答と解説

No.1 の解説

3×C の積の一の位の数が 1 なので，C＝7(3×7＝21)

D×C＝D×7 の積の一の位の数が 3 なので，D＝9(9×7＝63)

最終的な積の一万の位 B は 1 以外の数，つまり，
1 繰り上がった数なので，B＝2(1＋1＝2)

そして，A27×3＝1GG1 で，A×3 の積 1G は，
積の十の位や一の位の数に影響を及ぼさない。また，
27×3＝81＝G1 とわかるので，G＝8

よって，**5** が正答である。

さらに，A＝6 より，F＝4，E＝5 とわかる。

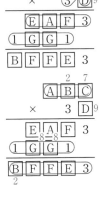

No.2 の解説

魔方陣の典型問題ではないので，文字式で解いていく。
右の図のように，残りの○印を x, y, z とすると，1 辺
の和は 20 なので，

$$x+a+y+b=20 \ \cdots\cdots①, \ a+b=16\cdots\cdots②$$

したがって，②を①に代入すると，

$$x+y+16=20 \ \rightarrow \ x+y=4$$

1～9 の和は 45 で，$x+y=4$，$a+b=16$，$c+d=8$ なので，

$$8+5+(x+y)+z+(a+b)+(c+d)=45$$

$$8+5+4+z+16+8=45 \ \rightarrow \ z=4$$

底辺の数字の和も 20 なので，$5+c+4+b=20 \ \rightarrow \ c+b=11$

よって，**4** が正答である。

★★
テーマ 04 記数法・整数問題

・n 進法から 10 進法へ，また，10 進法から n 進法への手順を確認しよう。
・10 進数を n 進法で表すときは，10 進法の数を n で割り続け，その余りを求めていく。

---

1 n 進法から 10 進法へ

① n 進法で〔$abcd$〕と表された数は，次の式を用いて 10 進法に直す。

$$\underline{a} \times n^3 + \underline{b} \times n^2 + \underline{c} \times n + \underline{d}$$

② n 進法の計算は，10 進法で表して，できるだけ 10 進法で計算する。

〔**例**〕 5 進法で表された 4321 を 10 進法で表せ。

〔**解説**〕 $\quad 4 \times 5^3 + 3 \times 5^2 + 2 \times 5 + 1$

$\qquad = 500 + 75 + 10 + 1$

$\qquad = 586$

〔**例題 1**〕 3 進法で表された 2 つの数 202 と 2120 を，それぞれ 10 進法で表したときの積を求めよ。

〔**解説**〕 3 進法 202 を 10 進法で表すと，

$\qquad (2 \times 3^2 + 0 \times 3 + 2) = 18 + 0 + 2 = 20$

3 進法 2120 を 10 進法で表すと，

$\qquad (2 \times 3^3 + 1 \times 3^2 + 2 \times 3 + 0) = 54 + 9 + 6 + 0$

$\qquad\qquad\qquad\qquad\qquad\qquad = 69$

よって，積は，

$\qquad 20 \times 69 = 1380$

---

n 進法

位取りの基礎を n として数を合わす方法を n 進法という。これまで学習してきた数は，位取りの基礎を 10 とする 10 進法である。

位の用い方

たとえば，5 進法 123 では，
1 を 5^2 の位の数
2 を 5 の位の数
3 を 1 の位の数という。
また，4 進法 123 では，
1 を 4^2 の位の数
2 を 4 の位の数
3 を 1 の位の数という。

2 10進法から n 進法へ

10進法 941 を 7 進法にする場合。

①$7^3 = 343$，$7^2 = 49$ より，次のように考える。

$$941 = 2 \times 7^3 + 255$$
$$= 2 \times 7^3 + 5 \times 7^2 + 10$$
$$= 2 \times 7^3 + 5 \times 7^2 + 1 \times 7 + 3$$

よって，10進法 941 は 7 進法 2513 である。

②次のように 941 を次々に 7 で割り，商が割る数 7 より小さくなるまで続ける。

$$941 \div 7 = 134 余り 3$$
$$134 \div 7 = 19 余り 1$$
$$19 \div 7 = 2 余り 5$$

```
7) 941
7) 134…3▲ (1の位)
7)  19…1 (7の位)
     2…5 (7²の位)
     ↑
   (7³の位)
```

よって，3 が 1 の位，1 が 7 の位，5 が 7^2 の位，2 が 7^3 の位なので，7 進法 2513 である。

記数法の原理に基づいて計算する

941÷343＝2 余り 255
255÷49＝5 余り 10
10÷7＝1 余り 3

最後の商を先頭にして，余りを終わりから順に並べて書きます。

〔**例題2**〕 10進法で表された 100 を 2 で次々に割って 2 進法で表せ。

〔**解説**〕 2 進法の位取りなので，右の割り算より，10進法の 100 は 2 進法にすると 1100100 である。

```
2) 10
2)  50…0▲
2)  25…0
2)  12…1
2)   6…0
2)   3…0
     1…1
```

〔例題3〕 次の式は7進法の足し算であるが，式の○，△，□，◎には5以外のいずれかの数字が入る。同じ記号には同じ数字が入るとき，□に入る値を求めよ。

$$\begin{array}{r} ○□△ \\ +)\ □△○ \\ \hline ◎○○5 \end{array}$$

〔解説〕 7進法なので，6までの数字が入る。この式を10進法にするとわからなくなるので，繰り上がりに注意してなるべく7進法のまま考える。

7進法の15を10進法で表すと，

$1×7+5=12$

1の位の計算△＋○は，6＋6にはならないので，繰り上がらない。よって，

$△+○=5 ……①$

7^2の位と7の位の計算は，同じ□にそれぞれ異なる○と△を足しているが，どちらも和が○になっているので，7の位の計算で1繰り上がったことがわかる。よって，△＞○である。

したがって，①より，△＝3，○＝2

7進法の12を10進法で表すと，$1×7+2=9$なので，7の位の計算は，□＋3＝9(7進法で12)

よって，□＝6

$$\begin{array}{r} 263 \\ +)\ 632 \\ \hline 1225 \end{array}$$

263 →10進法で，$2×7^2+6×7+3=143$

+) 632 →10進法で，$6×7^2+3×7+2=317$

1225 ※10進法で，$143+317=460$

7進法

7進法では，7個集まるごとに1つ上の位に進むので，

1, 2, 3, 4, 5, 6, 11, 12, 13, 14, 15, 16…
と数が続く。

△＝3，○＝2

△＝4，○＝1だと，7の位の計算が，□＋4となる。7進法の11を10進法で表すと，$1×7+1=8$なので，○＝1のとき，□＝4になるが，□＋4は，記号が異なるので4＋4にはならない。

7進法で12

$$\begin{array}{r} 7)\underline{\ 9}\cdots 2 \\ 1 \end{array}$$

10 進法を理解して 位取りの問題を解く

> ①百の位の数が x，十の位の数が y，一の位の数が z の3ケタの整数を，xyz と表さない。
>
> ②位の数が文字のときは，n 進法を 10 進法で表すように表記する。百の位の数が x，十の位の数が y，一の位の数が z の3ケタの整数は，
> $$x \times 10^2 + y \times 10 + z = 100x + 10y + z$$

〔**例題4**〕 百の位の数が 6，十の位の数が x，一の位の数が y である 3 ケタの整数がある。この整数の，百の位の数を十の位の数に，十の位の数を一の位の数に，一の位の数を百の位の数にすると，もとの整数より 369 小さくなった。もとの整数を求めよ。

〔**解説**〕 もとの3ケタの整数は，$600 + 10x + y$

また，入れ替えた整数は，$100y + 60 + x$ だから，

$$100y + 60 + x = 600 + 10x + y - 369$$

$$-9x + 99y = 171$$

両辺を 9 で割って，

$$-x + 11y = 19$$

$$11y = 19 + x$$

$y = 1$ のとき，$11 = 19 + x \rightarrow x = -8$

$y = 2$ のとき，$22 = 19 + x \rightarrow x = 3$

$y = 3$ のとき，$33 = 19 + x \rightarrow x = 14$

よって，$x = 3$，$y = 2$ とわかるので，もとの 3 ケタの整数は，632 である。

入れ替えた整数は百の位の数が y，十の位の数が 6，一の位の数が x です。

TRY! ▶ 過去問にチャレンジ

No.1 10 進法の 0 から 225 までの整数のうち，2 進法で表すと下 3 ケタが 111 となるものの個数を 2 進法で表したのはどれか。

【特別区】

1 11011 **2** 11100 **3** 11101 **4** 11110 **5** 11111

No.2 3 ケタの自然数で，それぞれの位の数の和は 19 で，百の位の数と一の位の数を入れ替えてできる数は，十の位の数と一の位の数を入れ替えてできる数より 288 だけ小さいとき，もとの数として，最も妥当なのはどれか。

【警視庁】

1 586 **2** 658 **3** 766 **4** 865 **5** 955

正答と解説

No.1 の解説

$2^8=256$ なので，10 進数の 0 から 225 までの整数のうち，2 進法で表すと下 3 ケタが 111 となるものを考えるときは，2^8 に満たないものの中で考える。0 または 1 を表す文字を a, b, c, d, e として，これを 10 進法で表すと，

$$a\times2^7+b\times2^6+c\times2^5+d\times2^4+e\times2^3+1\times2^2+1\times2+1$$
$$=2^3(a\times2^4+b\times2^3+c\times2^2+d\times2+e)+1\times4+1\times2+1$$
$$=8(a\times2^4+b\times2^3+c\times2^2+d\times2+e)+7$$

2 進法で表すと下 3 ケタが 111 となる 10 進の整数は，8 で割って 7 余る数だということがわかる。したがって，

最小の数は、8×0+7=7

最大の数は、8×27+7=223

※8×28+7=231は、225より大きくなる。

```
2) 28
2) 14…0
2)  7…0
2)  3…1
    1…1
```

当てはまる個数は 0 から 27 までの 28 個とわかる。

したがって、10進法の 28 個を 2 進法で表すと、11100 個となる。

よって、**2** が正答である。

No.2 の解説

もとの数の百の位の数を x、十の位の数を y、一の位の数を z とすると、

$x+y+z=19$……①

百の位の数と一の位の数を入れ替えた数を P、十の位の数と一の位の数を入れ替えた数を Q とすると、$P=100z+10y+x$, $Q=100x+10z+y$

条件より、$P=Q-288$ なので、

$(100z+10y+x)=(100x+10z+y)-288$

$-99x+9y+90z=-288$

この式の両辺を 9 で割ると、$-11x+y+10z=-32$……②

①-②より、$12x-9z=51$

この式の両辺を 3 で割って整理すると、$4x=3z+17$

左辺は偶数なので、右辺も偶数であるためには、z は奇数しかない。

$z=1$ のとき、$4x=3+17 \rightarrow x=5$　①より、$y=13$ となり不適切。

$z=3$ のとき、$4x=9+17 \rightarrow x=6.5$　x は整数ではないので不適切。

$z=5$ のとき、$4x=15+17 \rightarrow x=8$　①より、$y=6$ となり適切。

$z=7$ のとき、$4x=21+17 \rightarrow x=9.5$　x は整数ではないので不適切。

$z=9$ のとき、$4x=27+17 \rightarrow x=11$　①より、$y=-1$ となり不適切。

$x=8$, $y=6$, $z=5$ で、もとの数は 865 とわかる。

よって、**4** が正答である。

テーマ ★★

05 数列

- 規則性の問題は周期を調べて，解法に活用しよう。
- 等差数列の第 n 項（a_n）の式，第 n 項までの和（S_n）の式を活用しよう。
- 等比数列の第 n 項（a_n）の式，第 n 項までの和（S_n）の式を活用しよう。

1 規則性（周期算）

①並んだ数字のかたまりを組分けする。

②組分けした最後の数が，全体で何番目かを確かめる。

〔例題 1〕 1 を 13 で割ったとき，小数第 200 位の数字を求めよ。

〔解説〕 $1 \div 13 = 0.07692307692307692307\cdots$

小数第 1 位以下の数が，「076923」の 6 つの数で 1 つの周期（同じ並び方）になっている。

$$200 \div 6 = 33 \text{余り} 2$$

なので，$6 \times 33 = 198$ より，小数第 198 位までに，33 組入っていて，小数第 198 位の数字が周期の最後の 3 とわかる。

よって，小数第 200 位の数字は，小数第 199 位から始まる 34 組目の「076923」の 2 番目，つまり 7 だとわかる。

2 等差数列

①数列 a, $a+d$, $a+2d$, $a+3d$, $\cdots$ を，**初項**

等差数列

7，11，15，19，23，27，…のように，隣り合う項の差が等しい数列。この数列の場合，初項は 7，公差は 4 である。

がaで，**公差がdの等差数列**という。

②一般項の第n項をa_n，初項から第n項までの和をS_nとすると，

$$a_n = a + (n-1)d$$

$$S_n = \frac{n\{2a + (n-1)d\}}{2} = \frac{n(a + a_n)}{2}$$

連続する整数は公差が1の等差数列，連続する奇数や偶数は公差が2の等差数列ととらえることができる。

〔**例題2**〕 2から500までの偶数の和を求めよ。

〔**解説**〕 2から500までの偶数は公差が2の等差数列で，初項が2，末項が500である。項数は2×1から2×250までの250項だから，偶数の数の和S_nは，

$$S_n = \frac{(2 + 500) \times 250}{2} = 62750$$

3 等比数列

①数列 a, ar, ar^2, ar^3, … を，**初項がaで，公比がrの等比数列**という。

②一般項の第n項をa_n，初項から第n項までの和をS_nとすると，

$$a_n = ar^{n-1} \qquad S_n = \frac{a(r^n - 1)}{r - 1}$$

等差数列の和

等差数列の和は，

$$\frac{(初項 + 末項) \times 項数}{2}$$

と覚える。

たとえば，5から12までなら，項数は12−(5−1)=8〔項〕となります。

等比数列

1, 2, 4, 8, 16, 32, …のように，隣り合う項の比が等しい数列。この数列の場合，初項は1，公比は2である。

数列のパターン

解法のパターンを大別すると，次の4つのパターンになる。

①規則性（周期算）の問題
②等差数列，等比数列の問題
③項を組分けし，それぞれの組の関係で解く問題
④項の差が数列になっている問題

No.1
2，6，18，54，162…で表される数列の初項から第6項までの和から，13，21，29，37…で表される数列の第50項を差し引いた値はどれか。 【特別区・改題】

1 299　　**2** 307　　**3** 315　　**4** 323　　**5** 331

No.2
次のように，ある決まりに従って数が並んでいるとき，第99番目の数はどれか。 【特別区】

1，1，2，1，1，2，3，2，1，1，2，3，4，3，2，1，1，…

1 2　　**2** 4　　**3** 6　　**4** 8　　**5** 10

正答と解説

No.1 の解説

始めの数列の一般項を a_n，次の数列の一般項を b_n とする。始めの数列は，2，2×3，2×3^2，2×3^3，2×3^4 … だから，初項が2，公比が3の等比数列とわかるので，第 n 項（一般項）a_n は，

$$a_n = 2 \times 3^{n-1}$$

この数列の第6項までの和 S_6 は，

$$S_6 = \frac{2 \times (3^6 - 1)}{3 - 1} = 729 - 1 = 728$$

次の数列は，13，$13+8$，$13+8 \times 2$，$13+8 \times 3$ … だから，初項が13，公差が8の等差数列とわかるので，

> 第5項が162なので
> 第6項は，
> $a^6 = 2 \times 3^{6-1} = 162 \times 3$
> よって，
> $2+6+18+54+162$
> $+162 \times 3 = 728$
> と計算してもいいです。

$b_n = 13 + (n-1) \times 8$

この数列の第50項の b_{50} は、

$b_{50} = 13 + (50-1) \times 8 = 13 + 392 = 405$

したがって、求める差は、

$S_6 - b_{50} = 728 - 405 = 323$

よって、**4** が正答である。

No.2 の解説

数の規則性を調べると、次のように組分けできることがわかる。

(1)、(1, 2, 1)、(1, 2, 3, 2, 1)、(1, 2, 3, 4, 3, 2, 1)…

99番目の数が第 m 組目に入るとして、「組の中の項の数」と「組の最後の項の全体の順番」を、次のようにまとめる。

組	1	2	3	4	…	m
組の中の項の数	1	3	5	7	…	$2m-1$
組の最後の項の全体の順番	1	4	9	16	…	$n=m^2$

最後の項の全体の順番は、$4=1+3$、$9=1+3+5$、$16=1+3+5+7$ と求めることができるから、n は初項が1、末項が $2m-1$、項数が m の等差数列の和である。

$$n = \frac{(1 + 2m - 1) \times m}{2} = m^2$$

したがって、10組目の最後の項は、全体で $10^2 = 100$〔番目〕とわかるので、99番目の数は10組目に入るとわかる。また、100番目の数は10組目の最後の数の1だから、99番目の数は、その1つ前の2とわかる。

よって、**1** が正答である。

★★★

テーマ 06

1次方程式・1次不等式

・方程式を解いて求めた解が問題に適さないこともあるので注意しよう。
・不等式の解を考えるときは，数直線で範囲を整理しよう。

1 1次方程式の応用問題

次のような手順で進める。

①問題を読み，どの量を未知数で表すかを決める。

②問題文の条件をもとに方程式を作る（基本的に未知数の数だけ式が必要になる）。

③作った方程式を解いて，解を求める。

④求めた解が問題に適するかどうかを確かめる。

〔**例題1**〕 料理教室で，4人で調理台1台を使うと3人が使えない。5人で調理台1台を使うと，4人で使う調理台が2台と使わない調理台が1台になった。調理教室の参加者数を求めよ。

〔**解説**〕 5人で使った調理台を x 台とすると，調理台は合計で $x+2+1=x+3$〔台〕だとわかるので，これをもとに参加者数で立式すると，

$$4(x+3)+3=5x+4\times 2 \rightarrow x=7〔台〕$$

よって，参加者数は，

$$4\times(7+3)+3=43〔人〕$$

方程式を解く途中では，未知数を示す式など，考えをまとめたメモや図を残しておくことで，手際よく値を求めることができる。

次数

たとえば，$3a^2$ のように，数や文字をかけて作った式の文字の個数を，その式の次数という。$3a^2$ の場合，
$$3a^2=3\times a\times a$$
なので，次数は2である。

1次方程式の解き方

代入法や加減法で文字を消去していく。

1次方程式
$$2x+1=9$$
$$x-3=0$$
などのように，文字（x など）の次数が1である方程式を1次方程式という。

調理台の数
$$4(x+3)+3=5x+4\times 2$$
$$4x+15=5x+8$$
$$-x=-7$$
$$x=7$$

〔例題2〕 花火大会でA～Eの屋台が販売した焼き鳥の本数は、Bが Aの2倍、Cは102本、DはBより21本多く、EはDより6本多く、 合計で346本だった。3番目に多く売った屋台の焼き鳥の本数を求めよ。

〔解説〕 Aの本数をx本とすると、Bは$2x$本、 Dは$(2x+21)$本、Eは$(2x+27)$本だから、合 計から、

$$x+2x+102+(2x+21)+(2x+27)=346$$
$$7x+150=346$$
$$7x=196$$
$$x=28$$

よって、最も多い本数から順に、

Cが、102本

Eが、$2x+27=83$〔本〕

Dが、$2x+21=77$〔本〕

とわかるので、77本が正答である。

普通は、未知数を xと置きます。

CとDの大小関係 を確認しましょう。

2 1次不等式の応用問題

次のような手順で進める。

①問題を読み、どの量を未知数で表すかを決 める。
②問題文の条件をもとに方程式を作る。数量 の大小関係を不等式で表す。
③不等式を解く（計算手順に注意する）。
④解を検討する。複数の不等式は数直線で範 囲を整理する。

1次不等式
$2x+1>0$などのように、 文字（xなど）の次数 が1である不等式を1 次不等式という。

1次不等式の解き方
1次方程式の応用問題 と同じ手順で考えれば よい。条件によって等 式ができたときは、不 等式に代入して、文字 を消去する。

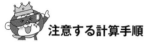 **注意する計算手順**

両辺に正の数をかけたり正の数で割ったりする

ときは，不等号の向きが変わらない。

(1)　$0.1x \geq 0.9$

　　両辺に10をかけて，$0.1x \times 10 \geq 0.9 \times 10$

　　　　　　　　　　　　　　　$x \geq 9$

(2)　$3x < -15$

　　両辺を $\dfrac{1}{3}$ して，$3x \times \dfrac{1}{3} < -15 \times \dfrac{1}{3}$

　　　　　　　$x < -5$

両辺に負の数をかけたり負の数で割ったりする

ときは，不等号の向きが変わる。

(1)　$-\dfrac{1}{2}x \geq -3$

　　両辺に (-2) をかけて，$-x \times (-2) \leq -3 \times (-2)$

　　　　　　　　　　　　　$x \leq 6$

(2)　$-4x < 8$

　　両辺を $\left(-\dfrac{1}{4}\right)$ して，

　　$-4x \times \left(-\dfrac{1}{4}\right) > 8 \times \left(-\dfrac{1}{4}\right)$

　　　　　$x > -2$

不等式を立式するときは，左辺の数量または数

量を表す式と，右辺の数量または数量を表す式の

大小関係を，不等号で表すとよい。

不等号「$\geq$，$\leq$」と「$>$，$<$」の使い分けに注

意。

不等式の性質

$1 < 3$ の両辺を2倍して
も，$2 < 6$ と不等号の向
きは変わらない。

$1 < 3$ の両辺を (-2)
倍すると，$-2 > -6$ と
不等号が変わる。

数量の関係

「余る」や「不足する」
などの意味を正確に大
小関係で理解する。

$>$，$<$，$\geq$，$\leq$ の意味

$A > B$（AはBより大
きい）

$A < B$（AはBより小
さい）

$A \geq B$（AはB以上）

$A \leq B$（AはB以下）

〔**例題3**〕 ある学校のクラスで 170 本の鉛筆を生徒に配った。1 人に 4 本ずつ配ると余りが出たが，1 人に 5 本ずつ配ると足りなくなった。クラスの人数の範囲を求めよ。

〔**解説**〕 生徒の数を x 人とする。1 人に 4 本ずつ配った数は 170 本より少ないので，

$$4x < 170 \rightarrow x < 42.5 \quad \cdots\cdots ①$$

また，1 人に 5 本ずつ配れなかったので，

$$5x > 170 \rightarrow x > 34 \quad \cdots\cdots ②$$

①，②を数直線で表すと，次のようになる。

①，②の共通部分がクラスの人数の範囲なので，

$$34 < x < 42.5$$

よって，35 人以上 42 人以下が正答である。

整数で割り切れないときは，小数や帯分数で表して，範囲を考えます。

 外項の積＝内項の積

比例式を立式したときは，比の性質を利用する。外項の積と内項の積は等しい。

$$\overset{\frown}{a : b} = \overset{\frown}{c : d} \quad \leftrightarrow \quad ad = bc$$

次のように比例式を等式に変形させる。

$$(3x-1) : (2x+7) = 4:5 \rightarrow 4(2x+7) = 5(3x-1)$$

外項と内項
a と d を外項，b と c を内項という。

No.1　あるレストランのメニューは，カレー，オムライス，ハンバーグの3種類であり，それぞれの価格は800円，1000円，1300円である。ある日の注文件数の合計は80件であり，売上げの合計は77200円であった。また，この日のハンバーグの注文件数は，カレーの注文件数の $\frac{2}{5}$ であった。このとき，この日のオムライスとハンバーグの注文件数の合計はいくらか。　　　　　　　　　　　【国家一般職／税務／社会人】

1　30件　　**2**　35件　　**3**　40件　　**4**　45件　　**5**　50件

No.2　水槽に18Lの水が入っている。ここから毎分 x Lの水をくみ出したところ，5分経過した時点で，水槽にはまだ水が残っていた。そこで，5分経過した時点で水槽に残っていた水の量と等しい量の水を新たに加えて，毎分 x Lずつくみ出したところ，水をくみ出し始めてから10分後には，水槽の水は空になっていた。このとき，x の値の範囲を示したものとして，正しいのはどれか。　　　　　　　　【地方初級】

1　$1.8 \leqq x < 2.4$　　**2**　$1.8 \leqq x < 2.7$　　**3**　$2.4 \leqq x < 2.7$

4　$2.4 \leqq x < 3.6$　　**5**　$2.7 \leqq x < 3.6$

正答と解説

No.1 の解説

注文件数を，カレー x 件，オムライス y 件，ハンバーグ z 件とすると，

$z = \frac{2}{5}x$〔件〕……①

$x+y+z=80$〔件〕なので，これを①に代入すると，$x+y+\frac{2}{5}x=80$〔件〕

両辺に 5 をかけて，$5x+5y+2x=400 \rightarrow 7x+5y=400$ ……②

また，売上げは，$800x+1000y+1300z=77200$〔円〕なので，

この式に①を代入すると，

$800x+1000y+1300\times\dfrac{2}{5}x=77200 \rightarrow 1320x+1000y=77200$〔円〕

両辺を 40 で割って，$33x+25y=1930$ ……③

②×5 $35x+25y=2000$

③ $-)\ 33x+25y=1930$

$2x=70 \rightarrow x=35$

したがって，オムライスとハンバーグの合計は，$y+z=80-35=45$〔件〕

よって，**4** が正答である。

No.2 の解説

水槽の 18L の水を 5 分間で $5x$L くみ出しても残っていたので，

$18>5x \rightarrow -5x>-18 \rightarrow x<-18\div(-5) \rightarrow x<3.6$ ……①

さらに，残った水の量と等しい量の水を新たに加えたので，

$(18-5x)+(18-5x)=36-10x$〔L〕

そして，5 分後から 10 分後まで，5 分間に $5x$L の水をくみ出して水槽が

空になったので，

$36-10x\leqq5x \rightarrow -15x\leqq-36 \rightarrow x\geqq-36\div(-15)$

$\rightarrow x\geqq2.4$ ……②

①，②を数直線で表すと，次のようになる。

①，②の共通部分が x の値の範囲なので，$2.4 \leqq x < 3.6$

よって，**4** が正答である。

2次関数・2次方程式

- 2次関数のグラフは，$a>0$ ならば下に凸，$a<0$ ならば上に凸の放物線。
- 2次方程式は，$(x-\alpha)(x-\beta)=0$ ならば，$x-\alpha=0$ または $x-\beta=0$
- 2次不等式は，$a>0$ ならグラフが x 軸の上側，$a<0$ ならグラフ x 軸の下側。

1 2次関数 $y=ax^2+bx+c$ の最大・最小

2次関数 $y=ax^2+bx+c$ の式を，$y=a(x-p)^2+q$ の形に変形すると，

$$y=a\left(x+\frac{b}{2a}\right)^2-\frac{b^2-4ac}{4a}$$

頂点（p , q）の座標は，$\left(-\dfrac{b}{2a},\ -\dfrac{b^2-4ac}{4a}\right)$

2次関数の頂点の座標を計算で求める手順

$$y=ax^2+bx+c$$
$$=a\left(x^2+\frac{b}{a}x\right)+c$$
$$=a\left\{\left(x+\frac{b}{2a}\right)^2-\frac{b^2}{4a^2}\right\}+c$$
$$=a\left(x+\frac{b}{2a}\right)^2-\frac{b^2}{4a}+c$$
$$=a\left(x+\frac{b}{2a}\right)^2-\frac{b^2-4ac}{4a}$$

よって，$y=a(x-p)^2+q$ より，頂点（p , q）は，

$$-p=\frac{b}{2a}\ \rightarrow\ p=-\frac{b}{2a},\ \ q=-\frac{b^2-4ac}{4a}$$

2次関数

x の値が1つ決まると，それによって y の値も1つ決まるとき，y は x の関数であるという。2次関数とは，$y=x^2$ のように，y が x^2 の式で表される関数である。

左の式は，変形をその場で計算できるのであれば覚える必要はありませんが，苦手な人は覚えたほうが速くて正確です。

$a>0$ ならば，下に凸の放物線

だから，$x=-\dfrac{b}{2a}$ のとき，

$y=-\dfrac{b^2-4ac}{4a}$ が**最小値**になる。

$a>0$ のとき

頂点

$a<0$ ならば，上に凸の放物線

だから，$x=-\dfrac{b}{2a}$ のとき，

$y=-\dfrac{b^2-4ac}{4a}$ が**最大値**になる。

$a<0$ のとき

頂点

放物線

$y=ax^2+bx+c$ の曲線のグラフをさす。

軸は，$x=p$

$y=ax^2+bx+c$ の グラフの頂点

a の正・負にかかわらず，頂点の座標の式に2次関数の式の係数を代入する。

〔**例題1**〕 2次関数 $y=x^2-8x+22$ の y の最大値または最小値と，そのときの x を求めよ。

〔**解説**〕 $a=1>0$ より，放物線は下に凸だから，y の最小値がわかる。頂点の x 座標は，

$$x=-\frac{b}{2a}=-\frac{-8}{2\times1}=4$$

頂点の y 座標は，

$$y=-\frac{b^2-4ac}{4a}=-\frac{(-8)^2-4\times1\times22}{4\times1}=6$$

よって，$x=4$ のとき，$y=6$ が最小値とわかる。

$a=1, b=-8,$ $c=22$ を頂点の x 座標と y 座標の式に代入する。

2次方程式

$x^2-4x+8=0$

などのように，文字（x など）の次数の最大値が2である方程式を2次方程式という。

---

2 2次方程式 $ax^2+bx+c=0$ の解法

①左辺を因数分解して，$a(x-\alpha)(x-\beta)=0$

から，解 $x=\alpha,\ \beta$ を導く。

②左辺が因数分解できないときは，**解の公式**

に係数を代入して，解を導く。

AB＝0 ならば A＝0 または B＝0

$a(x-\alpha)(x-\beta)=0$ の両辺を a で割って，

$(x-\alpha)(x-\beta)=0$

→ $x-\alpha=0$ または

　$x-\beta=0$

→ $x=\alpha$ または $x=\beta$

$$解の公式 \quad x = \frac{-b \pm \sqrt{b^2 - 4ac}}{2a}$$

③ 2次方程式の解法に使われる因数分解

$$x^2 + (a+b)x + ab = (x+a)(x+b)$$

$$x^2 + 2ax + a^2 = (x+a)^2$$

$$x^2 - 2ax + a^2 = (x-a)^2$$

$$x^2 - a^2 = (x+a)(x-a)$$

$$acx^2 + (ad+bc)x + bd = (ax+b)(cx+d)$$

解の公式の利用

解の公式に2次関数の
式の係数を代入する。

数の積の性質

$ax^2 + bx = 0$

$x(ax+b) = 0$ のときは,

$x = 0, \ -\dfrac{b}{a}$

〔**例1**〕 次の2次方程式を解け。

(1) $x^2 + 3x - 70 = 0$

(2) $x^2 - 8x + 16 = 0$

(3) $6x^2 + 7x - 20 = 0$

(4) $x^2 - 5x + 3 = 0$

〔**解説**〕

(1) $(x-7)(x+10) = 0$

    → $x - 7 = 0$ または $x + 10 = 0$ → $x = 7, \ -10$

(2) $(x-4)^2 = 0$ より

    → $x - 4 = 0$ → $x = 4$

(3) $(2x+5)(3x-4) = 0$

    → $2x + 5 = 0$ または $3x - 4 = 0$ → $x = -\dfrac{5}{2}, \dfrac{4}{3}$

(4) 左辺は因数分解できないので，解の公式に係
数を代入して解を導く。

$$x = \frac{-(-5) \pm \sqrt{(-5)^2 - 4 \times 1 \times 3}}{2 \times 1} = \frac{5 \pm \sqrt{13}}{2}$$

2次方程式の解法

(3)の場合は，

$2x + 5 = 0$ より，$x = -\dfrac{5}{2}$

$3x - 4 = 0$ より，$x = \dfrac{4}{3}$

(4)は $a = 1$，$b = -5$，
$c = 3$ を解の公式に
代入します。

3 ２次不等式の解法（$\alpha < \beta$ のとき）

① $(x-\alpha)(x-\beta) > 0$ ならば,
$x < \alpha,\ \beta < x$

② $(x-\alpha)(x-\beta) < 0$ ならば,
$\alpha < x < \beta$

$y = ax^2 + bx + c$
($a > 0$) のグラフ
左の図は, x 軸の上のグラフが $(x-\alpha)(x-\beta) > 0$ を, x 軸の下のグラフが $(x-\alpha)(x-\beta) < 0$ を示している。

〔例題 2〕　$-3x^2 + 21x + 63 > 0$ を満たす整数 x は, 全部で何個か。

〔解説〕　不等号が逆転することに注意して, 両辺を (-3) で割ると,

$$x^2 - 7x - 21 < 0$$

整数で因数分解できないので, 解の公式を用いる。$x^2 - 7x - 21 = 0$ として解くと,

$$x = \frac{-(-7) \pm \sqrt{(-7)^2 - 4 \times 1 \times (-21)}}{2 \times 1} = \frac{7 \pm \sqrt{133}}{2}$$

この結果を用いて $x^2 - 7x - 21 < 0$ を解くと,

$$\left(x - \frac{7 - \sqrt{133}}{2}\right)\left(x - \frac{7 + \sqrt{133}}{2}\right) < 0 \text{より},$$

$$\frac{7 - \sqrt{133}}{2} < x < \frac{7 + \sqrt{133}}{2}$$

ここで, $11 = \sqrt{121} < \sqrt{133} < \sqrt{144} = 12$ であるから, $\sqrt{133} = 11.5$ として x の範囲を考えると,

$$(7 - 11.5) \div 2 < x < (7 + 11.5) \div 2$$

$$-2.25 < x < 9.25$$

よって, 範囲を満たす整数 x は, -2 から 9 までの 12 個である。

$\sqrt{133}$ を簡単に処理する手順が重要である。

不等号の向き
不等式では, 両辺に負の数をかけたり, 両辺を負の数で割ったりすると, 不等号の向きが逆転する。

分子を分母の 2 で割って計算しました。

x の値の範囲
整数 x は, 以下の 12 個である。
$x = -2,\ -1,\ 0,\ 1,\ 2,$
$3,\ 4,\ 5,\ 6,\ 7,\ 8,\ 9$

No.1 自然数 A，B があり B は A の 2 倍より 24 大きく，A と B の最小公倍数は A の 8 倍で最大公約数は 12 である。このとき，A と B の最小公倍数として，最も妥当なのはどれか。 　　　　【警視庁】

1 72　　**2** 96　　**3** 192　　**4** 288　　**5** 576

No.2 ある商品の販売単価が 2000 円のとき，年間の販売個数が 300000 個であった。この商品の販売単価を 10 円値上げするごとに，年間の販売個数が 1000 個ずつ減るとき，この商品の年間の売上金額が最大となる販売単価として，正しいのはどれか。 　　　　【東京都】

1 2500 円　　**2** 2600 円　　**3** 2700 円　　**4** 2800 円　　**5** 2900 円

正答と解説

No.1 の解説

最大公約数 G は 12 なので，a を正の整数とすると，A は，

　　$A = 12a$ ……①

B は，$B = 2A + 24$ なので，この式に①を代入すると，

　　$B = 2A + 24 = 2 \times 12a + 24 = 24a + 24$

G＝12 なので，この式は，次のようになる。

　　$B = 24a + 24 = 12(2a + 2)$

また，最小公倍数 L は A の 8 倍なので，

　　$12a(2a + 2) = 8 \times 12a \rightarrow 24a^2 + 24a = 96a$

この式の両辺を 24 で割って，

> この問題は，A＝12a, B＝12bと置いて，最小公倍数 L を 12abとし，p.144「約数・倍数」の考え方で解くこともできます。

（数的推理）

$a^2+a=4a \rightarrow a^2-3a=0 \rightarrow a(a-3)=0$

したがって，$a=0$，3

a は正の整数だから，$a=0$ は不適切，$a=3$ は適切であるから，A と B の最小公倍数 L は，L＝8A＝8×12×3＝288

よって，**4** が正答である。

2 次方程式の場合，基本的に解が 2 つある。得られた 2 つの解を検討し，問題に適するものを答えとする。

No.2 の解説

販売単価を $10x$ 円値上げしたとすると，年間の販売個数は $1000x$ 個減る。そのときの売上金額は，

$(2000+10x)×(300000-1000x)$

$=10(200+x)×1000(300-x)$

$=10000(-x^2+100x+60000)$

年間の売上金額を $10000y$ 円とすると，

$10000y=10000(-x^2+100x+60000)$

この式の両辺を 10000 で割って，

$y=-x^2+100x+60000$

したがって，頂点の x 座標は，$x=-\dfrac{100}{2×(-1)}=50$

頂点の y 座標は，$y=-\dfrac{100^2-4×(-1)×60000}{4×(-1)}=\dfrac{250000}{4}=62500$

x^2 の係数が負でグラフは上に凸になるので，$x=50$ のとき，y の最大値は，$y=62500$ になる。このとき販売単価は，

$2000+10×50=2500$〔円〕

よって，**1** が正答である。この問題は頂点の x 座標がわかれば解答できるので，y 座標は省略してもよい。

★★★

テーマ 08

1次方程式の整数解・剰余算

・自然数の性質や未知数の範囲を利用して，整数の解を絞り込もう。
・剰余算の3つのパターンを覚えよう。

---

1 x, y が整数の1次方程式の解法

① 係数の**絶対値**が小さいほうの文字について解き，その文字が整数になるように，他の文字を当てはめて，解を絞り込む。

② 1以外に公約数を持たない整数 m と n について，整数 A，B が，$mA = nB$ の関係であるとき，A:B = n:m だから，整数 p を使って，A = np，B = mp であることを利用して解く。

③ 上記の2つの方法以外にも，未知数の数が式の数より多いときは，工夫が必要になる。

絶対値

直線上の基準点（原点）から実数 a までの距離を，実数 a の絶対値といい，$|a|$ で表す。たとえば，$|8| = 8$ $|-8| = 8$ である。

$$|{-8}| \quad |8|$$

$$\begin{array}{ccc} | & | & | \\ -8 & 0 & 8 \end{array}$$

整数 p を利用して解を表します。

〔**例題1**〕 自然数 x, y について方程式 $7x + 5y = 73$ を解きなさい。

〔**解説**〕 係数の絶対値が小さい y について解くと，

$$7x + 5y = 73 \rightarrow y = \frac{73 - 7x}{5}$$

x の候補になる数を小さい順に代入して，y が自然数になる場合を調べると，

$x = 4$ のとき，$y = 9$　　$x = 9$ のとき，$y = 2$

となる。よって，解は，

$x = 4$，$y = 9$ と $x = 9$，$y = 2$

x と y の値

$x = 1$ のとき，$y = 13.2$
$x = 2$ のとき，$y = 11.8$
$x = 3$ のとき，$y = 10.4$
$x = 4$ のとき，$y = 9$
$x = 5$ のとき，$y = 7.6$
$x = 6$ のとき，$y = 6.2$
$x = 7$ のとき，$y = 4.8$
$x = 8$ のとき，$y = 3.4$
$x = 9$ のとき，$y = 2$
$x = 10$ のとき，$y = 0.6$
$x = 11$ のとき，$y = -0.8$

〔例題2〕 自然数 x, y について方程式 $8x = 3y + 2$ の解で，x の値が小さいほうから5番目の解を答えなさい。

〔解説〕 左辺が8の倍数であるから，この形を保ちながら右辺を3の倍数にすることを考える。両辺に8の倍数8，16，……を加えて，右辺が3の倍数になるのは，

$$8x + 16 = 3y + 18 \rightarrow 8(x+2) = 3(y+6)$$

8と3は1以外に公約数がないので，

$$(x+2):(y+6) = 3:8$$

したがって，整数 p を使って，

$$x + 2 = 3p \rightarrow x = 3p - 2$$
$$y + 6 = 8p \rightarrow y = 8p - 6$$

$p = 1$ のときの $x = 1$，$y = 2$ が最も x の値が小さい解なので，小さいほうから5番目の解は，$p = 5$ のときとわかる。よって，

$$x = 15 - 2 = 13, \quad y = 40 - 6 = 34$$

両辺に加え続けて，両辺が整数でくくれる形を作ります。

比例式の変形
「外項の積＝内項の積」は，p.169 を参照。

1次方程式②の解法を利用
x, y を整数 p で表すと，解の形がわかる。

〔例題3〕 3の倍数である3ケタの自然数がある。この数の百の位の数と十の位の数の和は8で，十の位の数と一の位の数の和は7である。このような自然数の個数を求めよ。

〔解説〕 百の位，十の位，一の位のそれぞれの数を x, y, z とすると，

$$x + y = 8 \cdots\cdots① , \quad y + z = 7 \cdots\cdots②$$

①－②より，$x - z = 1$ だから，

$x = 1$，$z = 0$ のとき①より，$y = 7 \rightarrow 170$
$x = 2$，$z = 1$ のとき①より，$y = 6 \rightarrow 261$

$x - z = 1$
x が z より1大きいことがわかる。

$x=3$, $z=2$ のとき①より, $y=5$ → 352

$x=4$, $z=3$ のとき①より, $y=4$ → 443

$x=5$, $z=4$ のとき①より, $y=3$ → 534

$x=6$, $z=5$ のとき①より, $y=2$ → 625

$x=7$, $z=6$ のとき①より, $y=1$ → 716

$x=8$, $z=7$ のとき①より, $y=0$ → 807

このうち, 3の倍数は261と534と807の3種類。

3の倍数の見分け方

各位の数の和が3の倍数なら, もとの数も3の倍数になる。

2+6+1=9

5+3+4=12

8+0+7=15

よって, 261, 534, 807 が3の倍数である。

剰余算

剰余（○で割ると△余り, □で割ると▽余る）に関する条件をもとに倍数について考える問題を剰余算という。

2 剰余算の解法

① **余りが一致するとき** ⇒「（割る数の公倍数）＋（余り）」を求める。

② **余りが一致しなくても, 不足を調べて一致するとき** ⇒「（割る数の公倍数）－（不足）」を求める。

③ **どちらも一致しないとき** ⇒ それぞれの数を次々に大きくして両方に共通する最小の数を調べることで,「（割る数の公倍数）＋（共通する最小の数）」を求める。

〔例題4〕 56で割っても44で割っても余りが12になる3ケタの自然数がある。この自然数を19で割ったときの余りを求めよ。

〔解説〕 （56と44の公倍数）＋12となる数を考える。$56=4×14$, $44=4×11$ だから, 56と44の最大公約数は4, 最小公倍数は, $4×14×11=616$

したがって, 56で割っても44で割っても余り

616×2+12 は4ケタになってしまいます。

が 12 になる 3 ケタの自然数は, 616×1＋12＝628

よって, 628÷19＝33 余り 1 より, 余りは 1。

〔**例題5**〕 9 を足すと 15 で割り切れ, 12 を引くと 21 で割り切れる数
のうち 2 番目に小さい自然数を求めよ。

〔**解説**〕 12 を引くと 21 で割り切れる数とは, (21

－12＝)9 を足すと 21 で割り切れる数であるから,

9 を足すと 15 で割り切れる数 → 15 の倍数－9

9 を足すと 21 で割り切れる数 → 21 の倍数－9

したがって, (15 と 21 の公倍数) －9 となる

数を考えればよい。15＝3×5, 21＝3×7 だから,

15 と 21 の最大公約数は 3, 最小公倍数は 3×5×

7＝105 である。

よって, 1 番小さい自然数は, 105×1－9＝96

だから, 2 番目に小さい自然数は,

105×2－9＝201

素因数分解

3) 15 3) 21

   5   7

→15＝3×5

→21＝3×7

剰余算③の解法を利用

余りも不足も一致しな
いとき。

〔**例題6**〕 9 で割ると 8 余り, 6 で割ると 2 余る整数のうち, 200 に最
も近い整数を求めよ。

〔**解説**〕

(9 の倍数) ＋8 は順に, ⑧, 17, 26, 35……

(6 の倍数) ＋2 は順に, 2, ⑧……

したがって, 求める数は, (9 と 6 の公倍数)＋8

9＝3×3, 6＝3×2 なので, 9 と 6 の最大公約数

は 3, 最小公倍数は 3×3×2＝18 である。

よって, 求める数は, 206

共通する最小の数
が 8 とわかります。

200 に最も近い整数

18×10＋8＝188

18×11＋8＝206

18×12＋8＝224

TRY! 過去問にチャレンジ

No.1 A型，B型の2種類の計量カップが合わせて9個あり，すべて水が満たされている。A型のカップに満たした水の体積は合計で3L，B型のそれは2Lであった。すべて水を満たしたA型とB型のカップをそれぞれ追加して合わせて13個としたとき，A型のカップに満たした水の体積は合計で4L，B型のそれは3Lであった。このとき，大きいほうの計量カップの体積は小さいほうのそれの何倍になるか。　【警視庁】

1 1.5倍　**2** 2倍　**3** 2.5倍　**4** 3倍　**5** 3.5倍

No.2 ある日，養鶏場でにわとりが産んだ卵をパック詰めしていった。この日に産んだ卵を，4個パックに詰めると1個余り，6個パックに詰めると5個余り，8個パックに詰めると5個余る。この卵を12個パックに詰めていったときの余りとして，最も妥当なのはどれか。　【警視庁】

1 5個　**2** 6個　**3** 7個　**4** 8個　**5** 9個

正答と解説

No.1 の解説

A型のカップの体積を a L，B型のカップの体積を b L，最初のA型とB型のカップの個数をそれぞれ x 個と y 個，追加した後のA型とB型のカップの個数をそれぞれ s 個と t 個とする。未知数と式の数は同じだが，x, y は8以下，s, t は12以下の正の整数であることを利用する。

$ax=3 \rightarrow a=\dfrac{3}{x}$, $as=4 \rightarrow a=\dfrac{4}{s}$ より，$\dfrac{3}{x}=\dfrac{4}{s}$ なので，両辺に xs をかけて，

$3s=4x \rightarrow x:s=3:4$

したがって，$x=3$，$s=4$ または，$x=6$，$s=8$ とわかる。

$x+y=9$ と $s+t=13$ なので，

$x=3$，$s=4$ のとき，$3+y=9 \rightarrow y=6$，$4+t=13 \rightarrow t=9$

$x=6$，$s=8$ のとき，$6+y=9 \rightarrow y=3$，$8+t=13 \rightarrow t=5$

$by=2 \rightarrow b=\dfrac{2}{y}$，$bt=3 \rightarrow b=\dfrac{3}{t}$ より，$\dfrac{2}{y}=\dfrac{3}{t}$ なので，両辺に yt をかけて，

$2t=3y \rightarrow y:t=2:3$

したがって，$y=6$，$t=9$ は適切だが，$y=3$，$t=5$ は不適切である。よって，$x=3$，$y=6$ なので，$a=\dfrac{3}{x}$，$b=\dfrac{2}{y}$ より，$a=\dfrac{3}{3}=1$〔L〕，$b=\dfrac{2}{6}=\dfrac{1}{3}$〔L〕

a は b の3倍である。

よって，**4** が正答である。

No.2 の解説

6個パックに詰めると5個余り，8個パックに詰めると5個余るから，6と8の公倍数より5大きいとわかる。つまり，卵の個数は，

A …24の倍数＋5

また，4個パックに詰めると1個余り，8個パックに詰めると5個余るということは，4個パックに詰めると（4−1＝）3個不足し，8個パックに詰めると（8−5＝）3個不足するということだから，4と8の公倍数より3小さいとわかる。つまり，卵の数は，8の倍数−3

この数は，（8−3＝）5を引くと8の倍数になるということなので，

B …8の倍数＋5

よって，AとBを満たすのは，（24と8の公倍数）＋5となる数である。

24と8の公倍数は24の倍数だから，整数 p で卵の数 n を表すと，

$n=24p+5$

$n=12 \times 2p+5$ なので，卵を12個パックに入れると5個余る。

よって，**1** が正答である。

濃度・割合・比

- 濃度の問題は，溶液（食塩水）の量と物質（食塩）の量に分けて整理しよう。
- A：B＝C：Dならば，A＝Cx，B＝Dx（x ≠ 0）と置いて考える。
- A：BとB：Cから，共通するBの最小公倍数を利用してA：B：Cを求める。

1 濃度・割合の考え方

①もとにする量に割合をかけると，比べる量が求められる。500円の2割ならば，

$$500 \times 0.2 = 100〔円〕$$

②食塩水の場合，食塩水の質量がもとにする量，濃度が割合，溶けている食塩の質量が比べる量であるから，

（食塩の質量）＝（食塩水の質量）×（濃度）

$$（食塩水の濃度）＝\frac{（食塩の質量）}{（食塩水の質量）} \times 100〔\%〕$$

「2割の利益」を0.2，「1割の損失」を−0.1と表します。

〔例題1〕 原価の2割の利益を見込んで定価を付けたが，60円引きで売って原価に対して1割の損失になった。この品物の原価を求めよ。

〔解説〕 原価を x とすると，利益について，

$$x \times 0.2 - 60 = x \times (-0.1) \rightarrow 0.3x = 60$$
$$\rightarrow x = 180〔円〕$$

〔例題2〕 合金Aはその質量の95%の鉄を含み，合金Bはその質量の45%の鉄を含む。2種類の合金を溶かして混ぜ，鉄を60%含む合金を200g作るときの合金Aの質量を求めよ。

〔**解説**〕 連立方程式で解く典型的な濃度の問題である。合金 A と合金 B の質量を，それぞれ xg，yg とすると，

合金の質量で，$x + y = 200$ ……①

鉄の質量で，$x \times 0.95 + y \times 0.45 = 200 \times 0.6$ ……②

②を 100 倍して 5 で割ると，$19x + 9y = 2400$ …③

③ $-$ ① $\times 9$ より，

$$
\begin{array}{ll}
③ & 19x + 9y = 2400 \\
①\times 9 \quad -) & 9x + 9y = 1800 \\
\hline
& 10x \quad\quad = \quad 600 \rightarrow x = 60〔g〕
\end{array}
$$

濃度の問題

全体の質量が食塩水の量，鉄の質量が食塩の量に当てはまる。典型的な連立方程式ができる。

2 密度

人口密度とは，単位面積当たりの人口のことである。

$$
人口密度〔人/km^2〕 = \frac{人口〔人〕}{面積〔km^2〕}
$$

単位面積

$1\,km^2$（平方キロメートル）当たりで表すことが多い。

〔**例 1**〕 次の表は，A 町，B 町の人口，面積，人口密度を表したものである。**ア，イ**に当てはまる数を求めよ。

	人口〔人〕	面積〔km²〕	人口密度〔人〕
A 町	ア	35	800
B 町	31200	48	イ

〔**解説**〕 A 町の人口は，

$$
800 = \frac{x}{35} \rightarrow x = 800 \times 35 = 28000〔人〕
$$

B 町の人口密度は，

$$
y = \frac{31200}{48} \rightarrow y = 650〔人〕
$$

3 比

　2つの未知数の比がわかっているときは，1つの文字で表現する。たとえば，

　　　A：B＝5：3ならば，A＝$5x$，B＝$3x$

〔**例題3**〕　展示会の来場者数の調査を2回実施した。A社ブースとB社ブースの来場者数の比は，1回目が9：2で，2回目が11：2だった。2回目の調査では1回目と比べてA社ブースの来場者数は200人増加し，B社ブースの来場者数は100人減少した。このとき，1回目の調査のA社ブースの来場者数を求めよ。

〔**解説**〕　1回目の調査のA社ブースとB社ブースの来場者数をそれぞれ，$9x$人と$2x$人とし，2回目の調査のA社ブースとB社ブースの来場者数をそれぞれ，$11y$人と$2y$人とする。

　A社ブースの来場者数が200人増加したので，

　　　$11y = 9x + 200$……①

　B社ブースの来場者数が100人減少したので，

　　　$2y = 2x - 100$……②

①−②÷2×11より，

　　①　　　　　　　　　$11y = \ \ \ 9x + 200$
　　②÷2×11　$-\,)\ 11y = \ 11x - 550$
　　　　　　　　　　　　$0 = -2x + 750 \ \rightarrow x = 375$

　1回目の調査のA社ブースの来場者数は，

　　　$9x = 9 \times 375 = 3375$〔人〕

4 連比

①条件に従って複数の比をまとめる。

②比がそろわないときは，**最小公倍数**を利用
　して比をそろえる。

たとえば，

$\qquad$ X：Y＝4：3 ……① ，Y：Z＝5：2 ……②

$\qquad$ Y を表す 3 と 5 の最小公倍数は 15 なので，

$\qquad$ ①より，X：Y＝4×5：3×5＝20：15

$\qquad$ ②より，Y：Z＝5×3：2×3＝15：6

$\qquad$ よって，X：Y：Z＝20：15：6 とそろえる。

比例式の変形
「外項の積＝内項の積」
は，p.169 を参照。

比をそろえる

$\qquad$ X：Y
$\qquad\qquad$ Y：Z
$\qquad$ ──────
$\times 5\Big($ 4：3
$\qquad\qquad$ 5：2 $\Big)\times 3$
$\qquad$ ──────
$\qquad$ 20：15：6

〔**例題4**〕　4 つの器 A，B，C，D に 84 個のみかんを分ける。A と B
の個数の比は 3：2，B と D の個数の和と C の個数の比は 6：5 になり，
B は D の半分の個数になった。このとき，A の器のみかんの個数を求
めよ。

〔**解説**〕　A，B，C，D の器のみかんの個数をそ
れぞれ a，b，c，d とする。$a：b$ が 3：2 で，b は
d の半分だから，

$\qquad a：b：d＝3：2：4$

$(b＋d)：c＝(2＋4)：5＝6：5$ だから，

$\qquad a：b：c：d＝3：2：5：4$

$a＝3x$，$b＝2x$，$c＝5x$，$d＝4x$ とすると，$a＋b$
$＋c＋d＝84$ より

$\qquad 3x＋2x＋5x＋4x＝84 \rightarrow 14x＝84 \rightarrow x＝6$

A の器のみかんの個数は，$a＝3x＝3×6＝18$〔個〕

使いやすい条件か
ら順に使います。

TRY! ▶ 過去問にチャレンジ

No.1　　A区，B区，およびC区の3つの区がある。この3つの区の人口の合計は20年前には，1320000人であった。この20年間に，人口はA区が20%，B区が8%，C区が32%それぞれ増加し，増加した人数は各区とも同じであったとすると，現在のA区の人口はどれか。

【特別区】

1　192000人　　**2**　200000人　　**3**　264000人

4　320000人　　**5**　384000人

No.2　　濃度8%の食塩水が300g入った容器Aと，濃度がわからない食塩水が200g入った容器Bがある。AとBからそれぞれ100gずつ取り出して，入れ替えてよくかき混ぜたとき，AとBの濃度の比が14：13になった。容器Aの入れ替えた後の濃度として正しいのはどれか。

【警視庁】

1　3%　　**2**　4%　　**3**　5%　　**4**　6%　　**5**　7%

正答と解説

 No.1 の解説

20年前のA区，B区，C区の人口を，それぞれa人，b人，c人として，20年間に増加した人数を表すと，A区は，$a \times 0.2 = 0.2a$〔人〕，B区は，$b \times 0.08 = 0.08b$〔人〕，C区は，$c \times 0.32 = 0.32c$〔人〕

増加した人数が同じなので，$0.2a = 0.08b = 0.32c = x$〔人〕とすると

$a = x \div 0.2 = 5x$〔人〕，$b = x \div 0.08 = 12.5x$〔人〕，$c = x \div 0.32 = 3.125x$〔人〕

20年前に，$a + b + c = 1320000$〔人〕だったから，

$$5x+12.5x+3.125x=1320000 \rightarrow 20.625x=1320000$$

$$20.625=20+\frac{625}{1000}=20+\frac{5}{8}=\frac{165}{8}だから，$$

$$x=1320000\div20.625=1320000\div\frac{165}{8}=1320000\times\frac{8}{165}=64000〔人〕$$

したがって，20 年前の A 区の人口は，$a=5x=5\times64000=320000$〔人〕

20 年で 64000 人増えたので，現在の A 区の人口は，

$$320000+64000=384000〔人〕$$

よって，**5**が正答である。

No.2 の解説

初めの容器 A の食塩水に溶けている食塩は，$300\times0.08=24$g

初めの容器 B の濃度を x ％とすると，この食塩水に溶けている食塩は，

$$200\times0.01x=2x〔g〕である。$$

A から B へ移す食塩水 100g 中の食塩は，$24\times\frac{100}{300}=8〔g〕$

B から A へ移す食塩水 100g 中の食塩は，$2x\times\frac{100}{200}=x〔g〕$

入れ替えた後の濃度は，

Aが，$\dfrac{24-8+x}{300-100+100}\times100=\dfrac{16+x}{200}〔％〕$

Bが，$\dfrac{2x-x+8}{200-100+100}\times100=\dfrac{x+8}{200}〔％〕$

よって，$\dfrac{16+x}{3}:\dfrac{x+8}{2}=14:13 \rightarrow 13\times\dfrac{16+x}{3}=14\times\dfrac{x+8}{2}$

この式の両辺を 6 倍して，

$$2\times13(16+x)=3\times14(x+8) \rightarrow 26x+416=42x+336 \rightarrow x=5$$

入れ替えた後の A の濃度は，$\dfrac{16+x}{3}=\dfrac{16+5}{3}=7〔％〕$

よって，**5**が正答である。

10 速　さ

・速さの問題は，距離，速さ，時間に分けて整理しよう。
・旅人算は，2人が反対の方向なら出会い算，同じ方向
　なら追いかけ算。
・船は，流速の分だけ速くなったり，遅くなったりする。

1 速さの公式

①速さの公式は，$(速さ) = \dfrac{(距離)}{(時間)}$

②距離や時間の公式は，速さの公式から，

$(距離) = (速さ) \times (時間)$，$(時間) = \dfrac{(距離)}{(速さ)}$

2 旅人算（$a > b$ の場合）

A，Bの2人の距離を l，速さを a, b とする。

〔出会い算〕出会うまでの時間を t_1 とする。

$$l = (a + b) \times t_1$$

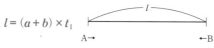

A→　　　　　　　　　←B

〔追いかけ算〕追いつく時間を t_2 とする。

$$l = (a - b) \times t_2$$

A→　　　　　　　　　B→

〔円周上の旅人算〕周回コースは1周が l に当たる。

円周上の旅人算

周回コースは，
反対向きのとき，
・距離の和＝1周，
同じ向きのとき，
・距離の差＝1周

距離の和＝1周

距離の差＝1周

〔**例題1**〕 1周 800m のコースを，A と B が反対向きに，同じ地点から同時に走った。A と B の速さが，それぞれ分速 180m，分速 140m だった。2人が8回すれ違うとき，A は何 m 走ったか。

〔**解説**〕 出会い算の問題である。1回すれ違うご

とに2人が走った距離の合計が1周の800mにな
るので，8回すれ違うまでにかかる時間をx分と
すると，

$$(180+140) \times x = 8 \times 800$$
$$320x = 6400 \rightarrow x = 20〔分〕$$

Aが走った距離は，$180 \times 20 = 3600〔m〕$

**入り始めてから出終わ
るまで**

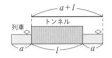

すれ違うときは，出
会い算で，追い越
すときは，追いか
け算の考え方を使
います。

---

3 通過算（$v > w$の場合）

①長さa，速さvの列車が，長さlのトンネルに入
り始めてから出終わるまでの時間をtとする。

$$a + l = v \times t$$

②長さa，b，速さv，wの2本の列車がすれ
違う時間をt_1，追い越す時間をt_2とする。

$$a + b = (v + w) \times t_1$$
$$a + b = (v - w) \times t_2$$

〔例題2〕 8両編成の普通列車が，長さ356mの鉄橋を渡り始めてか
らすべて渡り終わるまで25秒かかった。この普通列車が，普通列車の
1.4倍の速さで走る12両編成の急行列車と完全にすれ違うまで7.5秒か
かった。長さがすべて同じ車両1両の長さを求めよ。

〔解説〕 車両1両の長さをx m，普通列車の速さ
をy m/秒とする。トンネルを通過するとき，

$$8x + 356 = y \times 25 \rightarrow 8x - 25y = -356 \quad \cdots\cdots ①$$

また，普通列車と急行列車がすれ違うとき，

$$8x + 12x = (y + 1.4y) \times 7.5 \rightarrow 20x - 18y = 0$$

**鉄橋を通過するのに
進む距離**

$a + l = v \times t$

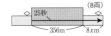

191

両辺を2で割って,

$$10x - 9y = 0 \quad \cdots\cdots ②$$

②×8 − ①×10 より,

$$
\begin{array}{rl}
②×8 & 80x - 72y = 0 \\
①×10 \quad -) & 80x - 250y = -3560 \\
\hline
& 178y = 3560 \\
& y = 20 \,[\text{m/秒}]
\end{array}
$$

②に代入して, $10x = 180 \rightarrow x = 18\text{m}$

進んだ距離の和

$a + b = (v + w) \times t_1$

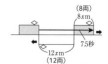

4 ダイヤグラム

①時間の経過を横軸に, 基点0からの距離を
縦軸にとってグラフ化したもの。

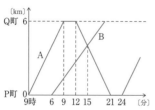

②グラフの傾きが大きいほど速さが速い。

5 速さの関係

①距離が一定のとき, 速さと時間は逆比になる。

速さ $a:b \rightarrow$ 時間 $b:a$

②時間が一定のとき, 速さと距離は比例する。

速さ $a:b \rightarrow$ 距離 $a:b$

**移動の状況を示す
グラフ**

左のグラフは, 6km離れ
たP町とQ町の間を往
復しているバスAがあ
り, Bさんが9時6分
に自転車でP町を出発
してQ町に向かったこ
とを表している。

バスAは, 9時9分に
Q町に着くと, 3分間停
車し, 9時21分にP町
に戻ってくる。また, B
さんは, Q町に向かう
途中, 9時15分にバス
Aとすれ違っている。

〔**例題3**〕 流れの速さが一定の川の上流のA地点と下流のB地点との間を船が往復している。この船がB地点からA地点まで上るのにかかる時間は，A地点からB地点まで下るのにかかる時間の3倍である。流れの速さが1.5倍になったとき，B地点からA地点まで上るのにかかる時間と，A地点からB地点まで下るのにかかる時間の比を求めよ。ただし，船の速さは途中で変化しないものとする。

〔**解説**〕 AB間の距離は一定だから，上りと下りの時間の比が3：1ならば，速さの比は，1：3
上りと下りの速さをそれぞれv，$3v$とすると，静水時の船の速さは，$(v+3v) \div 2 = 2v$

したがって，流れの速さは，$2v - v = v$

流れの速さが1.5倍（$1.5v$）になると，

上りの速さは，$2v - 1.5v = 0.5v$

下りの速さは，$2v + 1.5v = 3.5v$

したがって，上りと下りの速さの比は，

$0.5v : 3.5v = 0.5 : 3.5 = 1 : 7$

距離が一定のとき，速さと時間は逆比になるから，上りと下りの時間の比は，7：1

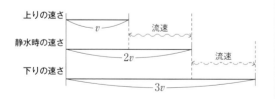

船が川を進む速さ
川の流速をa，静水時の船の速さをbとする。
上りの速さは，$b-a$
下りの速さは，$b+a$
静水時の速さは，
b＝（上りの速さ＋下りの速さ）÷2

速さと時間の関係
距離が12kmで，時速3kmと時速4kmのとき，時間は，
12÷3＝4〔時間〕
12÷4＝3〔時間〕
距離が一定のとき，速さが3：4，時間が4：3で逆比になる。

静水時の速さ
b＝（上りの速さ＋下りの速さ）÷2

TRY! 過去問にチャレンジ

No.1 4つの列車 A，B，C，D が，それぞれ一定の速さで走っている。列車 A，B，C は同じ向きに，列車 D はこれらと反対向きに走っており，列車 C と D はともに長さ 176m で速さも同じである。長さ 400m の列車 A を，長さ 120m の列車 B が追いついて追い越すまでに 130 秒かかった。また，列車 B を列車 C が追いついて追い越すまでに 37 秒かかった。さらに，列車 A と D が出会ってすれ違うまでに 16 秒かかった。このときの列車 C の速さとして妥当なのはどれか。　　　【警視庁】

1 16m/秒　　　**2** 20m/秒　　　**3** 24m/秒

4 28m/秒　　　**5** 32m/秒

No.2 線路に平行する道路を 1 台の自転車が時速 20km で走っている。この自転車が上りの電車に 6 分ごとに抜かれ，下りの電車とは 3 分ごとにすれ違うとき，この電車の速さはどれか。ただし，電車は，同じ間隔，同じ速度で運行している。　　　【特別区】

1 時速 50km　　　**2** 時速 55km　　　**3** 時速 60km

4 時速 65km　　　**5** 時速 70km

正答と解説

No.1 の解説

列車 A，B，C，D の速さを，それぞれ a m/秒，b m/秒，c m/秒，d m/秒とする。（速さ）×（時間）=（距離）だから，

$$(b-a) \times 130 = 400 + 120 \quad \cdots\cdots ①$$

194

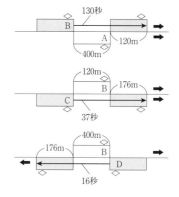

$(c-b)\times37=120+176$ ……②

$(a+c)\times16=400+176$ ……③

①÷130 より，$b-a=4$ ……①′

②÷37 より，$c-b=8$ ……②′

③÷16 より，$a+c=36$ ……③′

①′＋②′より，$c-a=12$ ……④

③′＋④より，$2c=48 \rightarrow c=24$

列車 C の速さは，24m／秒

よって，**3** が正答である。

No.2 の解説

　電車は，同じ間隔，同じ速度で運行しているので，抜かれた上り電車と次に抜かれる上り電車の距離は，すれ違った下り電車と次にすれ違う下り電車の距離と等しい。

　次に抜かれるまでの6分と，次にすれ違うまでにかかる3分の時間の比は，6：3＝2：1

　距離が等しく，時間の比が2：1だから，速さは，逆比の1：2である。

　電車の速さを時速 x km とすると，

$$(x-20):(x+20)=1:2$$
$$2(x-20)=(x+20)$$
$$2x-40=x+20$$
$$x=60$$

よって，**3** が正答である。

テーマ

11

時計算・年齢算

・時計算は，追いかけ算と同じように考えよう。
・年齢算は，2人の年齢の差が常に一定であることを押さえよう。

1 時計算・年齢算

時計算は，次のように考える。

> ①長針は1時間（60分）で360°回転するから，
>   1分で $360 \div 60 = 6°$，x 分で $6x°$ 回転する。
> ②短針は1時間で $360 \div 12 = 30°$ 回転するから，
>   1分で $30 \div 60 = 0.5°$，x 分で $0.5x°$ 回転する。
> ③右回りの回転の，旅人算（追いかけ算）と同じ。

長針と短針の速さ
6° …長針の分速
0.5° …短針の分速

〔**例題1**〕 右の図の時計で，3時からの1時間で，長針と短針が重ならず一直線になるのは，この何分後か。割り切れないときは帯分数で答えよ。

〔**解説**〕 長針と短針が重ならず一直線になるまでの時間を x 分とする。長針が短針より $90 + 180 = 270°$ 多く回ったときなので，

$$270 = (6 - 0.5) \times x \rightarrow 5.5x = 270$$

この式の両辺を2倍すると，

$$11x = 540 \rightarrow x = \frac{540}{11} = 49\frac{1}{11}〔分後〕$$

追いかけ算
長針と短針の距離を l，
速さを a, b, 時間を t
とすると，
$l = (a - b) \times t$

年齢算は，次のように考える。

①何年後でも何年前でも，年齢の差は変わらないが，比は変化することを利用する。
②未知数が多いので，連立方程式を用いる。

〔**例題2**〕 父，母，姉，弟の4人の年齢について，姉は弟より3歳年上である。4年前の年齢は，母は姉の5倍で，6年前の年齢は，母は姉の7倍だった。4年後の年齢は，父と母の和が姉と弟の和の3倍になる。現在の4人の年齢の和を求めよ。

〔**解説**〕 父，母，姉，弟の年齢をそれぞれ，a, b, c, d とする。姉は弟より3歳年上だから，

$$c = d + 3 \rightarrow c - d = 3 \cdots\cdots ①$$

4年前の年齢は，母は姉の5倍だから，

$$(b - 4) = 5(c - 4) \rightarrow b - 5c = -16 \cdots\cdots ②$$

6年前の年齢は，母は姉の7倍だから，

$$(b - 6) = 7(c - 6) \rightarrow b - 7c = -36 \cdots\cdots ③$$

4年後の年齢は，父と母の和が姉と弟の和の3倍になるから，

$$(a + 4 + b + 4) = 3(c + 4 + d + 4)$$

$$a + b - 3c - 3d = 16 \cdots\cdots ④$$

②－③より，

$$b - 5c - (b - 7c) = -16 - (-36) \rightarrow c = 10$$

$c = 10$ を①に代入して，$10 - d = 3 \rightarrow d = 7$

$c = 10$ を②に代入して，$b - 50 = -16 \rightarrow b = 34$

$b = 34$, $c = 10$, $d = 7$ を④に代入して，

$$a + 34 - 30 - 21 = 16 \rightarrow a = 33$$

求める年齢の和は，$33 + 34 + 10 + 7 = 84$〔歳〕

②と③の未知数が2つであることに注目すると，簡単に解けます。

No.1　次の図のように，7時から8時までの間で，時計の長針と短針の位置が文字盤の6の目盛りを挟んで左右対称になる時刻として，最も妥当なのはどれか。

【警視庁】

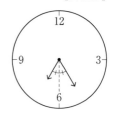

1　7時23分　　　**2**　7時23$\frac{1}{13}$分

3　7時23$\frac{3}{13}$分　　　**4**　7時23$\frac{9}{13}$分

5　7時23$\frac{12}{13}$分

No.2　父，母，兄，弟，妹の5人で構成された家族について，本年の元日にそれぞれの年齢を調べたところ，次のア～オのことがわかった。

　ア　兄は妹より5歳年上であった。

　イ　4年前の元日，母の年齢が弟の4倍であった。

　ウ　7年前の元日，父と兄の年齢の和は母と弟と妹の和と同じだった。

　エ　3年後の元日，父と母の年齢の和は弟と妹の和の3倍となる。

　オ　5年後の元日，父の年齢は妹の3倍となる。

以上から判断して，本年元日の5人の年齢の合計として，正しいのはどれか。

【東京都・改題】

1　131歳　　**2**　132歳

3　133歳　　**4**　134歳

5　135歳

正答と解説

No.1 の解説

7時から短針がx分で$0.5x°$進むと、文字盤の6の目盛りからの短針の角の大きさは、$(30+0.5x)°$ また、7時から長針がx分で$6x°$進むと、文字盤の6の目盛りからの長針の角の大きさは、$(180-6x)°$

この角が等しくなるので、$30+0.5x=180-6x \rightarrow 6.5x=150$

この式の両辺を2倍すると、$13x=300 \rightarrow x=\dfrac{300}{13}=23\dfrac{1}{13}$〔分後〕

よって、**2** が正答である。

No.2 の解説

父、母、兄、弟、妹の年齢をそれぞれ、a, b, c, d, eとする。

アより、$c=e+5$ ……①

イより、$b-4=4(d-4) \rightarrow b=4d-12$ ……②

ウより、$a-7+c-7=b-7+d-7+e-7 \rightarrow a+c=b+d+e-7$ ……③

エより、$a+3+b+3=3(d+3+e+3) \rightarrow a+b=3d+3e+12$ ……④

オより、$a+5=3(e+5) \rightarrow a=3e+10$ ……⑤

①、②、⑤を③に代入すると、

$3e+10+e+5=4d-12+d+e-7 \rightarrow -5d+3e=-34$ ……⑥

①、②、⑤を④に代入して、$3e+10+4d-12=3d+3e+12 \rightarrow d=14$

$d=14$を②に代入すると、$b=56-12=44$

$d=14$を⑥に代入すると、$-70+3e=-34 \rightarrow 3e=36 \rightarrow e=12$

$e=12$を①に代入すると、$c=12+5=17$

$e=12$を⑤に代入すると、$a=36+10=46$

年齢の合計は、$46+44+17+14+12=133$〔歳〕なので、**3** が正答である。

** ★★★

テーマ 12 仕事算・ニュートン算

・仕事算は，全体の仕事量を 1 として考えよう。
・ニュートン算では，減っていく割合が増えていく量にも関係する。

1 仕事算

　全体の仕事量を 1 として，仕事にかかった時間で割ると，単位時間当たりの仕事量を表すことができる。たとえば，「A はある仕事を 10 時間でする」という場合，A の 1 時間当たりの仕事量は，全体の仕事量を 1 とすると，$\dfrac{1}{10}$

　単位時間当たりの仕事量が未知数の場合は，方程式で表す。このときも，全体の仕事量は 1 である。たとえば，「A と B の 1 時間当たりの仕事量を a, b とするとき，A は 3 時間，B は 2 時間仕事をした」という場合，2 人の仕事量は，$3a+2b$

単位時間当たり
問題に応じて，
1 日当たり
1 時間当たり
1 分当たり
ととらえるとよい。

仕事算の計算
計算は，分数のまま解く場合と，方程式や連立方程式を解く場合がある。分数計算は，手際よく慎重に行う。

〔**例題 1**〕　A，B，C の 3 人である仕事をしており，この仕事を終わらせるのに，A と B の 2 人で働いた場合は 6 日，B と C の 2 人で働いた場合は 16 日，B が 1 人で働いた場合は 24 日かかるとする。A が 1 人で働いた場合にかかる日数を求めよ。

〔**解説**〕　全体の仕事量を 1 として，A，B，C の 1 日の仕事量をそれぞれ，a, b, c とする。

　A と B の 1 日の仕事量は，$a+b=\dfrac{1}{6}$ ……①

　B と C の 1 日の仕事量は，$b+c=\dfrac{1}{16}$ ……②

B の 1 日の仕事量は，$b = \dfrac{1}{24}$ ……③

③を①に代入して，$a + \dfrac{1}{24} = \dfrac{1}{6}$ → $a = \dfrac{1}{6} - \dfrac{1}{24} = \dfrac{1}{8}$

したがって，A が働いた場合にかかる日数は，

$$1 \div \dfrac{1}{8} = 1 \times 8 = 8 〔日〕$$

1 日の仕事量

全体の仕事量を，単位時間当たりの仕事量で割る。

$1 \div 6 = \dfrac{1}{6}$

$1 \div 16 = \dfrac{1}{16}$

$1 \div 24 = \dfrac{1}{24}$

〔**例題2**〕 ある水槽には，A 管，B 管の 2 本の給水管があり，この水槽を空の状態から満水にするのに，A 管では 60 分，B 管では 40 分かかる。また，満水の水槽の栓を抜いて空にするのに 120 分かかる。空の状態から満水にするため，最初は B 管のみで給水していたが，栓をせずに排水していることに途中で気づいた。栓をすると同時に A 管と B 管の両方で給水すると，栓をしてから 20 分で満水になった。栓をしたのは，給水を始めてから何分後か。

〔**解説**〕 満水時の水量を 1 として，A 管，B 管が 1 分間に給水する量と，栓を抜いたときに 1 分間に排水する量をそれぞれ，a, b, c とすると，

$$a = \dfrac{1}{60}, \ b = \dfrac{1}{40}, \ c = \dfrac{1}{120} \ \cdots\cdots ①$$

最初に給水を始めてから栓をするまでの時間を x 分とすると，

$$x(b - c) + 20(a + b) = 1$$

この式に①を代入すると，

$$x \times \left(\dfrac{3}{120} - \dfrac{1}{120} \right) + 20 \times \left(\dfrac{1}{60} + \dfrac{1}{40} \right) = 1$$

$$x \times \dfrac{2}{120} + 20 \times \dfrac{5}{120} = 1$$

③を②に代入すると，C が 1 人で働いた場合の日数がわかります。

給水量を正の数，排水量を負の数で表します。

この式の両辺を 120 倍すると，

$$2x + 100 = 120 \rightarrow 2x = 20 \rightarrow x = 10 〔分〕$$

〔**例題 3**〕　ある満水のプールを空にするために，A のポンプだけで 12 分間排水し，その後 B のポンプだけで 10 分間排水すると，プールの水がなくなる。また，A のポンプと B のポンプで同時に 8 分間排水し，その後 B のポンプだけで 7 分間排水しても，プールの水がなくなる。この満水のプールを A のポンプだけで排水して空にするのに必要な時間を求めよ。

〔**解説**〕　連立方程式を使って解いていく。全体の仕事量（プールの水の量）を 1 として，A のポンプ，B のポンプが 1 分間に排水する量をそれぞれ，a，b とすると，

$$12a + 10b = 1 \cdots\cdots①$$

$$8(a + b) + 7b = 1 \rightarrow 8a + 15b = 1 \cdots\cdots②$$

①×3−②×2 より，

$$①×3 \qquad 36a + 30b = 3$$

$$②×2 \quad -)16a + 30b = 2$$

$$20a = 1$$

係数が大きいので，
加減法で解きます。

よって，A のポンプだけで排水して空にするのに 20 分かかることがわかる。

単位時間当たりの仕事量と時間は，逆数の関係である。たとえば，A のポンプの 1 分間当たりの排水量が $\frac{1}{20}$，A の排水にかかる時間が 20 分のような関係になっている。

2 ニュートン算

①単位時間当たりの増加量，減少量をもとにして
　式を立てる ⇒「もとの量＋増加量＝減少量」
②未知数が2つのときは連立方程式を使う。

ニュートン算
水が流れ込んでいる池の水をポンプでくみ出すときのように，ある量が一方では増え，また一方では減っていくような場合を考える問題をニュートン算という。

〔**例題4**〕　Aは1月から毎月決まった額のお小遣いをもらい，貯金と合わせて計画的に使うことにした。毎月5000円の買い物をすると，同じ年の12月にちょうど使い切る予定だったが，毎月5800円の買い物をしたため，同じ年の8月にはちょうど使い切ってしまった。Aの当初の貯金額を求めよ。

〔**解説**〕　毎月の買い物の金額がわかっており，未知数は2つなので，連立方程式を使って求める。

当初の貯金額をA円，毎月の決まったお小遣いをa円とすると，「もとの量＋増加量＝減少量」だから，

当初の予定：$A+12a=12\times5000=60000$ ……①

実際の結果：$A+8a=8\times5800=46400$ ……②

①－②より，

$$\begin{array}{r}① \quad A+12a=60000 \\ ② \quad -)A+8a=46400 \\ \hline 4a=13600 \rightarrow a=3400\cdots\cdots③\end{array}$$

よって，③を①に代入すると，

$A+12\times3400=60000 \rightarrow A=60000-40800$
$\rightarrow A=19200$〔円〕

No.1

　あるコンサートのチケット売り場で，売り出し開始前から行列ができていた。窓口1つでは売り出し開始から15分で行列がなくなり，窓口2つでは6分で行列がなくなる。窓口を3つにしたときの行列がなくなる時間として，最も妥当なのはどれか。ただし，1つの窓口でチケットを販売する人数および売り出し開始後に行列に新たに加わる人数は毎分一定とする。　　　　　　　　　　　　　　　　　　　　　【警視庁】

1　3分　　**2**　3分15秒　　**3**　3分30秒　　**4**　3分45秒　　**5**　4分

No.2

　ある工場ではA，B，Cの3人の従業員がそれぞれ単独で製品を作っている。仮に休まずに製品を作ったとすると，1000個目の製品が作られるのは，それぞれAとBの2人では42日目，AとCの2人では48日目，BとCの2人では53日目である。この3人が同時に作り始め，かつ，3日働くと1日休むこととすれば，1000個目の製品が作られるのは最短で何日目か。なお，A，B，Cが1日に作る製品の個数はそれぞれ一定であり，また，日をまたいで1個の製品を作ることはしないものとする。　　　　　　　　　　　　　【国家一般職／税務／社会人・改題】

1　42日目　　**2**　43日目　　**3**　44日目　　**4**　45日目　　**5**　46日目

正答と解説

No.1　の解説

　売り出し開始前の行列の人数をA人，売り出し開始後に行列に新たに加わる人数が毎分a人増え，1つの窓口でチケットを販売する人数が毎分b人であるとする。窓口3つで行列がなくなる時間をx分とする。

　窓口1つで15分かかったので，もとの量＋増加量＝減少量より，

$A+a×15=b×15 \rightarrow A+15a=15b$ ……①

窓口2つで6分かかったので,

$A+a×6=2×b×6 \rightarrow A+6a=12b$ ……②

①−②より, ①　　$A+15a=15b$

③　−)　$A+6a=12b$

$9a=\ \ 3b \rightarrow 3a=b$

$3a=b$ を①に代入すると,　$A+15a=45a \rightarrow A=30a$

窓口3つの場合では,　$A+a×x=3×b×x \rightarrow A+ax=3bx$ ……③

$3a=b$ と $A=30a$ を③に代入すると,　$30a+ax=9ax \rightarrow 30a=8ax$

$a≠0$ だから,　この式の両辺を a で割ると,　$30=8x \rightarrow x=3.75$〔分〕

0.75分×60＝45秒だから,　3.75分＝3分45秒

よって,　**4** が正答である。

No.2 の解説

A, B, C が1日に作る製品の個数をそれぞれ, a, b, c とする。

AとBが1日に作る個数（$a+b$）は,　1000÷42＝23.80……より,　余りが出ることから,　23個では42日で終わらないことがわかるので,

$a+b=24$ ……①

AとCでは,　1000÷48＝20…40より,　$a+c=21$ ……②

BとCでは,　1000÷53＝18…46より,　$b+c=19$ ……③

①＋②＋③より,　$2a+2b+2c=64 \rightarrow a+b+c=32$

3日働くと1日休むので,　4日間で,　32×3＋0＝96〔個〕作る。

1000÷96＝10.416……より,　4日間で96個ずつ作ると,　（4×10＝）40日かかり40個余る。3人は1日に32個作るから,　40÷32＝1.25より,　残りの40個を作るのに,　1＋1＝2〔日〕かかることがわかる。

求める日数は,　40＋2＝42〔日〕

よって,　**1** が正答である。

テーマ 13 ★★ 場合の数

- 積の法則はかけ算，和の法則は足し算と覚え，その使い分けを身に着けよう。
- 樹形図をかくときは，書き落しがなく，重複が出ないように注意しよう。

1 場合の数

ある事柄の起こり方を数え上げるとき，その総数を**場合の数**という。場合の数を調べるときは，もれがなく重複もなく調べることが大切である。

積の法則・和の法則

同時に起こる事象 A，B において，A の起こり方が a 通りで，そのおのおのに対して，B の起こり方が b 通りあるとき，**積の法則**が成り立つ。

A，B ともに起こる場合の数＝$a \times b$〔通り〕

同時に起こらない事象 A，B において，A の起こり方が a 通りで，B の起こり方が b 通りであるとき，**和の法則**が成り立つ。

A または B が起こる場合の数＝$a + b$〔通り〕

いくつかの事象が同時に起こる場合は積の法則，同時に起こらない場合は和の法則です。

〔**例題 1**〕 1 から 10 までの数字が 1 つずつ書かれたカードが 10 枚ある。このカードから 1 枚引いて数を確認する。①1 回引いたときに，3 または 4 の倍数を引く場合の数と，②続けて 2 回引いたときに，1 回目に 3 の倍数，2 回目に 4 の倍数のカードを引く場合の数をそれぞれ求めよ。

〔**解説**〕 ①3 の倍数は ¦3，6，9¦ の 3 通りで，4

206

の倍数は |4, 8| の2通りある。すべて数が異なり同時には起こらないので，和の法則より，

$3+2=5〔通り〕$

②同時に起こるので，積の法則より，

$3×2=6〔通り〕$

 樹形図

〔**例題1**〕の②の結果を樹形図にすると，

よって，$(3×2=)6$ 通りと確かめられる。

樹形図は書き落しがなく，また重複しないように注意して作成する。

〔**例題2**〕　赤，青，白のカードそれぞれ3枚ずつの9枚から3枚を選び左から右へ順に並べる。赤の次は必ず青のカード，青の次は必ず白のカードを並べる。カードの並べ方の場合の数を求めよ。

〔**解説**〕　左が赤のとき，青のとき，白のときの樹形図を書くと，それぞれ次のようになる。

左が赤のときは1通り，青のときは3通り，白のときは5通りである。

よって，求める数は，$1+3+5=9〔通り〕$

TRY! ▶ **過去問にチャレンジ**

No.1　　0，1，2，3，4 の 5 個の数字を使って 3 ケタの整数を作るとき，2 の倍数の個数として正しいのはどれか。ただし同じ数字は 1 回しか使えない。　　　　　　　　　　　　　　　　　　　【警視庁】

1　24　　**2**　30　　**3**　36　　**4**　48　　**5**　60

No.2　　書店で買い物をし，一万円紙幣 2 枚，五千円紙幣 4 枚，千円紙幣 6 枚，五百円硬貨 8 枚のうち，いずれかを組み合わせて，ちょうど 22000 円を支払うとき，紙幣および硬貨の組合せは全部で何通りあるか。　　　　　　　　　　　　　　　　　　　　　　【東京都】

1　15 通り　　**2**　16 通り　　**3**　17 通り　　**4**　18 通り　　**5**　19 通り

正答と解説

No.1 の解説

　2 の倍数は，一の位の数が 0，2，4 のいずれかになる。それぞれの場合で考えると，

①一の位の数に 0 を使う場合

　百の位の数は，1，2，3，4 の 4 通り，十の位の数は，0 と百の位の数以外の 3 通り。したがって，3 ケタの整数は，4×3×1＝12〔通り〕

②一の位に 2 を使う場合

　百の位に 0 は使えないので，百の位の数は，1，3，4 の 3 通り，十の位の数は 0 が使えるので，2 と百の位の数以外の 3 通り。したがって，3 ケタの数は，3×3×1＝9〔通り〕

③一の位に 4 を使う場合

②の場合と同じように考えられるので，3×3×1＝9〔通り〕

①，②，③は同時に起こらないので，和の法則である。したがって，求める場合の数は，12＋9＋9＝30〔通り〕

よって，**2** が正答である。

No.2 の解説

千円 6 枚と五百円 8 枚の合計は，1000×6＋500×8＝10000〔円〕なので，一万円と五千円の合計が（22000－10000＝）12000〔円〕以上のとき，つまり，20000 円のときと 15000 円のときを考える。

① 20000 円の組合せは，(10000, 10000)，(10000, 5000, 5000)，(5000, 5000, 5000, 5000) の 3 通り。

② 15000 円の組合せは，(10000, 5000)，(5000, 5000, 5000) の 2 通り。

①の場合は，千円と五百円で（22000－20000＝）2000 円となる組合せ，②の場合は，千円と五百円で（22000－15000＝）7000 円となる組合せが何通りあるかを考える。

千円と五百円で 2000 円となる組合せは，次の 3 通り。

```
1000 —— 1000                          500 —— 500 —— 500 —— 500
       └ 500 —— 500
```

千円と五百円で 7000 円となる組合せは，次の 4 通り。

```
1000 — 1000 — 1000 ┬ 1000 ┬ 1000 ┬ 1000 — 500 — 500
                   │       │       └ 500 — 500 — 500 — 500
                   │       └ 500 — 500 — 500 — 500 — 500 — 500
                   └ 500 — 500 — 500 — 500 — 500 — 500 — 500 — 500
```

①の場合は，3×3＝9〔通り〕，②の場合は，2×4＝8〔通り〕なので，求める組合せは，9＋8＝17〔通り〕 よって，**3** が正答である。

★★

テーマ **14** 順 列

・異なるものの順列と同じものを含む場合の順列の違いを理解しよう。
・円順列は，1つを固定して，残りを並べる順列について考えよう。
・重複順列は，重複を許した場合の順列について考えよう。

1 順列の公式

異なる n 個のものから異なる r 個を選んで並べることを**順列**といい，その総数を $_nP_r$ で表す。1つ選ぶごとに選択肢が減っていくので，

$$_nP_r = \underbrace{n(n-1)(n-2)(n-3)\cdots(n-r+1)}_{n \text{以下順に} r \text{個の積}}$$

異なる n 個のものをすべて並べる（$r=n$）ことをnの**階乗**といい，$n!$ で表す。

$$_nP_n = n(n-1)(n-2)(n-3)\cdots 3 \times 2 \times 1$$
$$= n!$$

順列の総数
1番目…n通り
2番目…$(n-1)$通り
3番目…$(n-2)$通り
4番目…$(n-3)$通り
　　　…
r番目…$(n-r+1)$通り

階乗n!
たとえば，赤，白，青，緑，黄の5本の旗を1列に並べる方法は，
5！＝5×4×3×2×1
＝120〔通り〕

〔**例題 1**〕 A，B，C，D，E，F，G，Hの8つの文字の中から，1つずつ4つの文字を選んで並べる場合の数を求めよ。

〔**解説**〕 異なる8個から4つを選んで並べる順列だから，

$$_8P_4 = 8 \times 7 \times 6 \times 5 = 1680 〔通り〕$$

「8から始めて4つの積」を計算します。

n 個のもののうち，p 個は同じもの，q 個は別の同じもの，r 個はまた別の同じものであるとき，それら n 個のもの全部を使って作られる順列の総数は，

$$\frac{n!}{p!\,q!\,r!}\text{〔通り〕} \quad \text{※種類は何種類でもよい。}$$

〔**例題 2**〕 A，A，A，A，B，C，C，D，D，D の文字が書いてある 10 枚のカードを横 1 列に並べるとき，並べ方の場合の数を求めよ。

〔**解説**〕 公式を利用して，

$$\frac{10!}{4!\,1!\,2!\,3!} = \frac{10\times9\times8\times7\times6\times5\times4\times3\times2\times1}{4\times3\times2\times1\times1\times2\times1\times3\times2\times1}$$

$$= 12600\text{〔通り〕}$$

異なる n 個のものを円形に並べる**円順列**は，

$$(n-1)!$$

〔**例 1**〕

(1) 4 人が全員横 1 列に並ぶ場合の数を求めよ。

(2) 4 人全員が円卓に並ぶ場合の数を求めよ。

〔**解説**〕

(1) $4! = 4\times3\times2\times1 = 24$〔通り〕

(2) 1 人を固定して，残り 3 人の順列と考える。

$$(4-1)! = 3\times2\times1 = 6\text{〔通り〕}$$

異なる n 個のものから重複を許して r 個選んで 並べる**重複順列**は，

$$n^r\text{〔通り〕}$$

A，B，C，D，E，F，G，H の 8 種類の文字の 中から，重複を許して 4 つの文字を選んで並べる 場合，8 種類の文字は選んだ後も減らないので，

$$8\times8\times8\times8 = 8^4 = 4096\text{〔通り〕}$$

円順列

4人をA, B, C, Dとする と、Aを固定して、B, C, Dを3つの○に入れると 考える。

TRY! → 過去問にチャレンジ

No.1 0000 から 9999 までの電話番号の下 4 ケタの数字の組合せのうち，0727 や 7970 のように，7 を 2 個以上含む組合せは何通りあるか。 【東京消防庁】

1 486 通り **2** 487 通り **3** 509 通り
4 522 通り **5** 523 通り

No.2 1 ～ 7 の数字が 1 つずつ書かれた 7 枚のカードがある。これらのカードから 5 枚選んで 5 ケタの整数を作るとき，5 ケタの整数が 40000 より大きい奇数となる組合せは全部で何通りあるか。

【東京都】

1 600 通り **2** 660 通り **3** 720 通り
4 780 通り **5** 840 通り

正答と解説

No.1 の解説

同じ数が重複してもかまわない重複順列の問題である。全体の場合の数は 10 種類の数が 4 つ並ぶので，$10 \times 10 \times 10 \times 10 = 10^4$〔通り〕

したがって，①「7 が 1 つも含まれない場合の数」，②「7 が 1 つだけ含まれる場合の数」を求めて 10^4 通りから引けば，7 を 2 個以上含む組合せを求めることができる。

① 7 が 1 つも含まれない場合の数

0 ～ 6 と 8 ～ 9 の 9 種類の重複順列だから，$9 \times 9 \times 9 \times 9 = 9^4$〔通り〕

212

②7が1つだけ含まれる場合

　7が入る位は，一の位から千の位まで4通り。そして，それ以外の3つの位には，7以外の9種類の数が入るので，$9 \times 9 \times 9 = 9^3$〔通り〕

　したがって，7が1つだけ含まれる場合の数は，4×9^3〔通り〕

　求める組合せは，$10^4 - 9^4 - 4 \times 9^3 = 10000 - (9 \times 9^3) - (4 \times 9^3)$

$$= 10000 - 9^3 \times (9 + 4)$$

$$= 10000 - 729 \times 13$$

$$= 523〔通り〕$$

　よって，**5**が正答である。

No.2 の解説

　一万の位の数は4以上なので，4，5，6，7の4通り。したがって，次の2つの場合を考えればよい。①「5または7が一の位に入る場合」，②「5または7が一の位に入らない場合」。

①5または7が一の位に入る場合

　一の位は，5または7の2通り。一万の位は，4，5，6，7のうち1つが一の位に入っているので3通り。千の位，百の位，十の位の組合せは，残り5枚のカードから選ぶので，$_5P_3$ 通り。

②5または7が一の位に入らない場合

　これは，1または3が一の位に入る場合を考えればよい。一の位は，1または3の2通り。一万の位は，4，5，6，7の4通り。千の位，百の位，十の位の組合せは，残り5枚のカードから選ぶので，$_5P_3$ 通り。

　求める組合せは，$2 \times 3 \times {}_5P_3 + 2 \times 4 \times {}_5P_3 = 2 \times (3 + 4) \times {}_5P_3$

$$= 2 \times 7 \times 5 \times 4 \times 3$$

$$= 840〔通り〕$$

　よって，**5**が正答である。

★★
テーマ 15
組合せ

・順序を考えるのが順列，順序を考えないのが組合せ。
・同じものを含む順列は，当てはまる場所を「○」に置き換えて考えよう。

1 組合せ

異なる n 個のものから r 個を選ぶことを**組合せ**といい，その総数を $_n\mathrm{C}_r$ で表す。選んだ r 個の順番は考えないので，

$$_n\mathrm{C}_r = \frac{_n\mathrm{P}_r}{r!} = \frac{n(n-1)\cdots\cdots(n-r+1)}{r(r-1)\cdots\cdots 3\times 2\times 1}$$

たとえば，5個の文字，A，B，C，D，Eから3個を選ぶ選び方は，

$$_5\mathrm{C}_3 = \frac{_5\mathrm{P}_3}{3!} = \frac{5\times 4\times 3}{3\times 2\times 1} = 10〔通り〕$$

組合せの考え方
たとえば，A，B，C の 3 個を選んだときの順列，
{ABC}，{ACB}，
{BAC}，{BCA}，
{CAB}，{CBA} の，
全部で 3！＝3×2×1＝6〔通り〕はすべて同じものと考える。

〔**例題 1**〕 男子5人，女子5人の中から4人の代表を選ぶとき，男子と女子がそれぞれ1人以上含まれる選び方を求めよ。

〔**解説**〕 10人から4人を選ぶ組合せから，全員男子または全員女子を選ぶ組合せを引く。男子5人から4人の男子，または女子5人から4人の女子を選ぶ選び方は，どちらも $_5\mathrm{C}_4$ 通りなので，

$$_{10}\mathrm{C}_4 - {}_5\mathrm{C}_4 - {}_5\mathrm{C}_4$$

$$= \frac{10\times 9\times 8\times 7}{4\times 3\times 2\times 1} - \frac{5\times 4\times 3\times 2}{4\times 3\times 2\times 1} - \frac{5\times 4\times 3\times 2}{4\times 3\times 2\times 1}$$

$$= 210 - 5 - 5 = 200〔通り〕$$

男子1人と女子3人の，$_5\mathrm{C}_1\times{}_5\mathrm{C}_3 = 5\times 10 = 50$　男子2人と女子2人の，$_5\mathrm{C}_2\times{}_5\mathrm{C}_2 = 10\times 10 = 100$　男子3人と女子1人の，$_5\mathrm{C}_3\times{}_5\mathrm{C}_1 = 10\times 5 = 50$　これらを合計しても解答できます。

公式を利用する場面

①同じものを含む順列は,「○」と「｜」に置
き換えて考える。
②組分けの問題では,分けるものが区別でき
るものかどうかを判断する。区別なく選ぶ
ときは,$_nC_r$ 区別して選ぶときは,$_nP_r$

〔例題2〕 0から9までの整数を3個並べてできる,000から999まで
の数字の組合せのうち,055や515のように,5を2個以上含む組合せ
を選ぶ。選び方は何通りあるか。

〔解説〕 5を2個含む場合と3個含む場合をそれ
ぞれ考える。まず,5を2個含む場合は,百の
位,十の位,一の位の3つから2つ選んで,そこ
に5を当てはめる場合を考える。2つの選び方は,
$_3C_2$通り。残りの1つに5以外の9通りの整数が
入るので,選び方は,

$$_3C_2 \times 9 = \frac{3 \times 2}{2 \times 1} \times 9 = 27〔通り〕$$

そして,5を3個含む場合は,555の1通り。
よって,求める場合の数は,$27 + 1 = 28$〔通り〕

〔例題3〕 2人の男子A,Bと,3人の女子C,D,Eの5人が並ぶ。
男子2人が隣り合わない並び方を求めよ。

〔解説〕 男子が並べる場所は,次の○のついた4
つである。

｜○女子○女子○女子○｜

4つから2つの〇を選ぶ選び方は，$_4C_2$ 通り。

男子2人の並び方 $_2P_2$ 通りと，女子3人の並び方 $_3P_2$ 通りも合わせて考えると，並び方の総数は，

$$_4C_2×_2P_2×_3P_2=\frac{4×3}{2×1}×2×1×3×2×1=72〔通り〕$$

同じものを含む順列

①女子②女子③女子④の4つの〇から，①と③の2つを選んだときは，②と④が消えるので，｛男・女・女・男・女｝の並び方になる。

〔**例題4**〕 0～12のうちの5つの数 A，B，C，D，E で，A＋B＋C＋D＋E＝12 を満たすような，A，B，C，D，E の数字の組合せを答えなさい。数字は同じ数がいくつ重複してもかまわない。

〔**解説**〕 「1」を「〇」に置き換え，「｜」を仕切りとして，12個の「〇」を4個の仕切り「｜」で仕切りながら考える。たとえば，次の場合，

左端から仕切りごとに A，B，C，D，E の数を示すので，この場合は，2＋4＋1＋0＋5＝12 このように考えると，12個の「〇」と4個の「｜」を一列に並べる順列の総数に等しくなるので，求める組合せの総数は，

この数字は0を含むもので「｜」と「｜」の間に〇がない（0個）場合もあります。

$$\frac{16!}{12!\,4!}=1820〔通り〕$$

〔**別解**〕 この問題は，「〇」と「｜」を並べる16個の場所のうち，「｜」を入れる4個の場所を選ぶ問題と考えることもできるので，

$$_{16}C_4=\frac{_{16}P_4}{4!}=\frac{16×15×14×13}{4×3×2×1}=1820〔通り〕$$

と解くこともできる。

TRY! 過去問にチャレンジ

No.1　4ケタの整数 ABCD を考える。数の並びを逆にした DCBA が ABCD より大きい4ケタの整数になるような ABCD の個数として，最も妥当なのはどれか。ただし，A，B，C，D には同じ数があってもよいとする。　【警視庁】

1 4005 個　**2** 4010 個　**3** 6005 個　**4** 6010 個　**5** 8010 個

正答と解説

No.1 の解説

D ＞ A のときと，A ＝ D かつ C ＞ B のときが考えられる。

①D ＞ A のとき

2つの整数が4ケタなので，どちらも0ではない。1〜9の数字から2つを選んで，大きいほうを D，小さいほうを A とすることで，D ＞ A になるので，場合の数は，

$$_9C_2 = \frac{9 \times 8}{2 \times 1} = 36 （通り）$$

このとき，B と C はそれぞれ0でもよいので，0〜9の10通りの重複順列（10^2 通り）となる。したがって，4つの数字の決め方は，

$$36 \times 10^2 = 3600 （通り）$$

②A ＝ D かつ C ＞ B のとき

A ＝ D は①と同様に 1〜9 の数字から選ぶので，選び方は9通り。

B と C はそれぞれ0でもよい。0〜9の数字から2つの数字を選んで，大きいほうを C，小さいほうを B とすることで，C ＞ B になるので，場合の数は，

$$_{10}C_2 = \frac{10 \times 9}{2 \times 1} = 45 （通り）$$

4つの数字の決め方は，$9 \times 45 = 405$（通り）

求める個数は，$3600 + 405 = 4005$（個）なので，**1** が正答である。

・試行・事象・排反事象・余事象の定義を覚えよう。
・ある事象にたいして，その事象が起こらない事象（余事象）を考えよう。

1 確率の定義

　ある試行において，全事象が N 通りであり，そのうち，事象 A である場合が a 通りあるとき，

$$（\text{Aが起こる確率}）=\mathrm{P}(A)=\frac{（\text{事象Aの場合の数}）}{（\text{全事象の数}）}=\frac{a}{N}$$

　確率の計算は，分母と分子は順列または組合せでそろえる。

〔**例題 1**〕　区別のつかない赤球 5 個と白球 4 個を 1 列に並べるとき，左から 3 番目と 4 番目が同じ色になる確率を求めよ。

〔**解説**〕　全事象の数（分母）は 5 個の同じものと 4 個の同じものを並べる場合の数なので，

$$\frac{9!}{5!\,4!}=126〔\text{通り}〕$$

　事象 A の場合の数（分子）は，3 番目と 4 番目に赤が入るときの残り 7 個（赤 3 個，白 4 個）の並び方と，白が入るときの残り 7 個（赤 5 個，白 2 個）の並び方の和だから，

$$\frac{7!}{3!\,4!}+\frac{7!}{5!\,2!}=35+21=56〔\text{通り}〕$$

　よって，求める確率は，$\dfrac{56}{126}=\dfrac{4}{9}$

試行

サイコロやジャンケンなど，同じ条件のもとで，繰り返すことができる実験や観測のこと。

事象

「2 の目が出る」のように，試行を行って起こりうる，ある結果を事象という。特に，起こりうるすべての事象を，全事象という。

排反事象

ある試行において，事象 A と事象 B が同時に起こらないとき，事象 A と事象 B は排反事象であるという。

すでに 3 番目と 4 番目に，赤球や白球が入った状態から考えます。

2 余事象

事象Aが起こる確率を$P(A)$，事象Aが起こらない余事象$\overline{A}$の確率を$P(\overline{A})$とすると，

$$P(\overline{A})=1-P(A)$$

余事象
ある試行において，「事象Aが起こらない」という事象$\overline{A}$を，Aの余事象という。

〔例題2〕 赤色2個，青色3個，白色4個のボールが入った袋から4個取り出すとき，赤色および青色のボールがそれぞれ1個以上含まれる確率を求めよ。

〔解説〕 全事象の数（分母）は，9個から4個を選ぶ組合せなので，

$${}_9C_4=\frac{9\times8\times7\times6}{4\times3\times2\times1}=126〔通り〕$$

次に，問題文に「赤色および青色のボールがそれぞれ1個以上含まれる」とあるので，次の①～③の場合の数を求める。

全事象の数から余事象事象の数を引いて求める考え方と同じです。

①白色のみを選ぶ場合

白色のボール4個から4個取り出す組合せは，

$${}_4C_4=1〔通り〕$$

②赤色と白色のみを選ぶ場合

6個から4個を取り出す場合から白色のみを取り出す場合を引けばよいので，

$${}_6C_4-1=15-1=14〔通り〕$$

②の場合
赤色と白色のボールの合計は，2+4=6〔個〕

③青色と白色のみを選ぶ場合

7個から4個を取り出す場合から白色のみを取り出す場合を引けばよいので，

$${}_7C_4-1=35-1=34〔通り〕$$

③の場合
青色と白色のボールの合計は，3+4=7〔個〕

よって，①，②，③の場合の数は，

$1 + 14 + 34 = 49〔通り〕$

したがって，求める確率は，

$$1 - \frac{49}{126} = \frac{77}{126} = \frac{11}{18}$$

3 確率の組合せ

確率を組み合わせるときは，場合の数に注意する。

> 〔例題3〕 白球4個と赤球3個の入った袋から，A，Bの2人が，取り出した球は戻さず，交互に袋から1個ずつ取り出し，先に白球を出したほうを勝ちとする。Aから始めてBが勝つ確率を求めよ。

〔解説〕 Bが勝つのは，次の①，②の2つの場合である。それぞれの確率を求める。

① A赤→B白の場合

7個中3個の赤→6個中4個の白なので，

$$\frac{3}{7} \times \frac{4}{6} = \frac{2}{7}$$

② A赤→B赤→A赤→B白の場合

7個中3個の赤→6個中2個の赤→5個中1個の赤→4個中4個の白なので，

$$\frac{3}{7} \times \frac{2}{6} \times \frac{1}{5} \times \frac{4}{4} = \frac{1}{35}$$

よって，求める確率は，$\frac{2}{7} + \frac{1}{35} = \frac{11}{35}$

〔**例題4**〕 3人でじゃんけんをして，負けた人は順に抜け，勝者が1人になるまで続ける。あいこも1回と考えるとき，2回目で勝者が決まる確率を求めよ。

〔**解説**〕 1人の手の出し方は3通りなので，3人の手の出し方は，3×3×3＝27〔通り〕，2人の手の出し方は，3×3＝9〔通り〕である。

次の①，②の2つの場合の確率を求める。

① 1回目に1人負け，2回目に勝負がつく場合

1回目に勝つ2人の選び方は3通り，2回目に勝つ人の選び方は（3−1＝）2通りで，それぞれ，勝ったときの手の出し方は3通りなので，

$$\frac{3\times3}{27}\times\frac{2\times3}{27}=\frac{1}{3}\times\frac{2}{3}=\frac{2}{9}$$

② 1回目があいこで，2回目に1人勝つ場合

1回目があいこになるのは，3人とも手の出し方が同じ場合と3人とも手の出し方が異なる場合である。同じ場合は，3人の手の出し方はグー，チョキ，パーの3通り，異なる場合は，3×2×1＝6〔通り〕である。

2回目に3人のじゃんけんで1人勝つので，

$$\frac{3+6}{27}\times\frac{3\times3}{27}=\frac{1}{3}\times\frac{1}{3}=\frac{1}{9}$$

よって，求める確率は，$\dfrac{2}{9}+\dfrac{1}{9}=\dfrac{1}{3}$

1人の手の出し方は，グー，チョキ，パーの3通りです。

手の出し方
1人の手の出し方は，グー，チョキ，パーの3通りなので，1回目の3人の手の出し方は，3×3×3〔通り〕2回目の2人の手の出し方は，3×3〔通り〕

No.1

☆, ○, △, ◇の図柄が描かれたカードがそれぞれ, ☆が2枚, ○が1枚, △が1枚, ◇が1枚ある。この5枚のカードを無作為に1枚ずつ選び, 左から順に並べるとき, 同じ図柄が連続して並ばない確率として, 最も妥当なのはどれか。　　　　　　【東京消防庁】

1 $\dfrac{8}{15}$　　**2** $\dfrac{3}{5}$　　**3** $\dfrac{2}{3}$　　**4** $\dfrac{11}{15}$　　**5** $\dfrac{4}{5}$

正答と解説

No.1 の解説

全事象の数（分母）は, 同じカード2枚を含む5枚の順列なので,

$$\frac{5\,!}{2\,! \times 1 \times 1 \times 1} = 60〔通り〕$$

まず, ☆のカード以外の3枚のカードを並べるときの場合の数は,

3！=6〔通り〕

このとき, 並んでいる3枚のカードをすべて□で表すと,

｜□｜□｜□｜

「｜」に☆のカードが入る。同じ図柄が連続して並ばないようにするためには, 4つの「｜」から2つ選べばよいので, 場合の数は,

$$_4C_2 = \frac{4 \times 3}{2 \times 1} = 6〔通り〕$$

よって, 事象Aの場合の数（分子）は, 6×6＝36〔通り〕

したがって, 求める確率は, $\dfrac{36}{60} = \dfrac{3}{5}$ なので, **2**が正答である。

★★★

テーマ

17

三角形の性質

・直角三角形の辺の長さは三平方の定理を利用しよう。
・角の二等分線から辺の比を考えよう。
・三角形の重心は中線を 2：1 に内分することを利用しよう。

1 三角形の内角の和

三角形の 3 つの内角の
和は 180° である。

$a + b + c = 180°$

〔例題 1〕 右の三角形 ABC で，角 ABC と角
ACB の二等分線の交点を D とする。∠ BDC =
118° のとき，角 BAC の角度を求めよ。

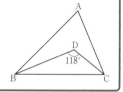

〔解説〕 ∠ ABD = ∠ DBC = p，∠ ACD =
∠ DCB = q とすると，△ DBC について，

$$118 + p + q = 180 \rightarrow p + q = 62 \cdots\cdots①$$

△ ABC について，

$$\angle BAC + 2p + 2q = 180$$

$$\angle BAC + 2(p + q) = 180$$

この式に①を代入して，

$$\angle BAC + 2 \times 62 = 180$$

$$\angle BAC = 180 - 124$$

$$\angle BAC = 56°$$

2 三平方の定理

△ ABC において，∠ C = 90° のとき，

三角形の外角

三角形の外角は，隣り
合わない 2 つの内角の
和に等しくなる。この
性質も併せて押さえて
おきたい。

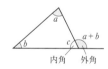

内角　外角

三角形の内角の和

p と q は単独ではわか
らないが，$p + q$ が 62°
であることがわかる。
これを手がかりに問題
を解いていく。

$$a^2 + b^2 = c^2$$

特殊な直角三角形の辺の比

①鋭角が $30°$ と $60°$ の直角三角形 ABC の 3 辺
の比は，$\mathrm{AC:CB:BA} = 1:\sqrt{3}:2$

②直角二等辺三角形 ABC の 3 辺の比は，

$$\mathrm{AC:CB:BA} = 1:1:\sqrt{2}$$

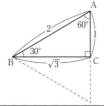

三角定規の形ですね。

〔**例題2**〕　右の図の 1 辺が 10cm の正三角形
ABC の内部に点 P を任意に取り，3 辺に下した
垂線の長さの合計，PX＋PY＋PZ を求めよ。

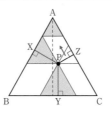

〔**解説**〕　右の図のように，
3 辺に平行な線分を書き入
れると，PX，PY，PZ を
高さとする正三角形ができ
る。PZ を高さとする正三
角形を平行移動させると，高さの合計は正三角形
ABC の高さであることがわかる。

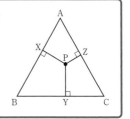

補助線の基本は平行線です。

　正三角形の 1 辺の長さと高さの比は $2:\sqrt{3}$ だ

224

から，PX＋PY＋PZ＝x と置くと，

$$10:x=2:\sqrt{3} \rightarrow 2x=10\sqrt{3} \rightarrow x=5\sqrt{3}〔cm〕$$

相似の利用

①相似な図形の対応する辺の長さの比は，すべて等しい。

②相似な三角形の面積比は，対応する線分の長さの比の2乗である。

〔例題3〕 右の図のように，正方形の4つの頂点が二等辺三角形の周上にある。この正方形の面積を求めて，小数で表せ。

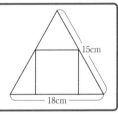

〔解説〕 二等辺三角形の頂点 A と底辺の中点 M を結ぶと，

$$∠AMB=90°$$

AB＝15cm，BM＝9cm なので，三平方の定理より，

$$9^2+AM^2=15^2,$$
$$AM^2=15^2-9^2$$
$$AM=12〔cm〕$$

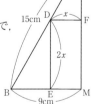

正方形の1辺を $2x$cm とすると，DF＝EM＝x〔cm〕なので，BE＝9－x〔cm〕

△ABM と△DBE と△ADF は相似なので，

$$DE:BE=AM:BM$$

二等辺三角形の頂点から底辺に垂線を引くと，垂線と底辺の交点は，底辺の中点になります。

3:4:5の直角三角形

△ABM のように，3辺の比が，BM：AM：AB＝9：12：15＝3：4：5の直角三角形は，出題されやすいので，注意しておこう。

$$2x : (9-x) = 12 : 9$$

$$10x = 36$$

$$x = 3.6 \text{(cm)}$$

よって，正方形の1辺は，$2x = 2 \times 3.6 = 7.2 \text{(cm)}$

したがって，正方形の面積は，$7.2^2 = 51.84 \text{(cm}^2\text{)}$

〔例題4〕 右の図のように，平行四辺形 ABCD の辺 AB の延長上に AB を 3：1 に 外分する点を P とする。DP と AC，BC との交点をそれぞれ Q，R とする。三角形 AQD と三角形 CQR の面積の比を求めよ。

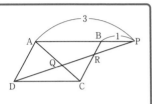

〔解説〕 △AQD と△CQR は相似だから，対応する比を調べる。△AQP と△CQD が相似で，
AP：DC = AP：AB = 3：(3−1) = 3：2 だから，

$$AQ : CQ = 3 : 2$$

AQ：CQ は，それぞれ△AQD と△CQR に対応するので，2つの三角形の相似比は 3：2 とわかる。

よって，△AQD と△CQR の面積比は，

$$\triangle AQD : \triangle CQR = 3^2 : 2^2 = 9 : 4$$

2つの図形が相似であるとき，記号∽を用いて，△AQD ∽△CQR などと表します。

相似な三角形
△AQD∽△CQR
△AQP∽△CQD
のほかに，
△BRP∽△CRD∽△ADP
もある。

3 角の二等分線定理

①△ABC の∠A の二等分線が対辺と交わる点を D とすると，

$$BD : DC = AB : AC$$

②次の図で，AB = 30cm，AC = 18cm，BC =

24cm ならば，BD：DC＝30：18＝5：3

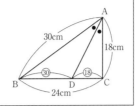

$$BD = 24 \times \frac{5}{5+3}$$

$$= 24 \times \frac{5}{8}$$

$$= 15 \,(cm)$$

4 三角形の重心

①三角形の３つの中線は１点で交わる。この交点 G を△ABC の**重心**という。

②重心は，それぞれの中線を２：１に内分する。

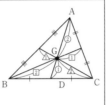

〔**例題5**〕 右の図で，点 G は三角形 ABC の重心であり，EF∥BC である。辺 BC の長さを求めよ。

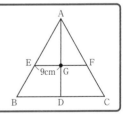

〔**解説**〕 点 G は△ABC の重心なので，

AG：GD＝２：１

EF∥BC より，△AEG と△ABD は相似なので，

EG：BD＝AG：AD＝２：(2＋1)＝２：３

よって，9：BD＝２：３ → BD＝13.5(cm)

BD＝DC なので，辺 BC の長さは，

BD＋DC＝13.5＋13.5＝27(cm)

平行

２つの直線 a と b が交わらないとき，a と b は平行であるといい，a∥b と表します。

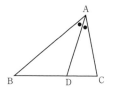

No.1 右の図のように，三角形 ABC の角 BAC の二等分線と辺 BC との交点を D とする。AB = 15，AC = 10，∠BAC = 60°であるとき，AD の長さはどれか。 【特別区・改題】

1 10　**2** $6\sqrt{3}$　**3** $\dfrac{9}{2}\sqrt{5}$　**4** $\dfrac{5}{2}\sqrt{19}$　**5** $5\sqrt{5}$

No.2 右の図は，正三角形 ABC を，頂点 A が辺 BC を 1：2 に内分する点 M に重なるように折ったものである。三角形 BDM と三角形 CEM の面積比として，最も妥当なのはどれか。
【警視庁・改題】

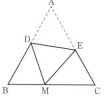

1 4：9　**2** 9：16　**3** 9：25　**4** 16：25　**5** 25：36

正答と解説

No.1 の解説

　2 点 B，C から AD の延長線上に垂線 BH と CI を引くと，∠BAH＝∠CAI＝30°だから，△ABH と△ACI は 3 辺の比が 1：$\sqrt{3}$：2 の直角三角形である。したがって，AB＝15 なので，△ABH の各辺の長さは，

　　　BH：AB＝1：2 → BH：15＝1：2 → BH＝7.5

　　　AH：AB＝$\sqrt{3}$：2 → AH：15＝$\sqrt{3}$：2 → AH＝7.5$\sqrt{3}$

　また，AC＝10 なので，△ACI の各辺の長さは，

　　　CI：AC＝1：2 → CI：10＝1：2 → CI＝5

$$AI : AC = \sqrt{3} : 2 \rightarrow AI : 10 = \sqrt{3} : 2 \rightarrow AI = 5\sqrt{3}$$

△ BDH と△ CDI において，∠ BDH =∠ CDI，また，∠ BHD =∠ CID = 90°だから，△ BDH と△ CDI は相似である。

DH：DI = BH：CI = 7.5：5 = 3：2

よって，IH = AH － AI = 7.5$\sqrt{3}$ － 5$\sqrt{3}$ = 2.5$\sqrt{3}$ だから，

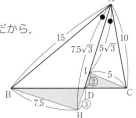

$$DI = 2.5\sqrt{3} \times \frac{2}{3+2} = \sqrt{3}$$

AD の長さは，AD = AI + DI = 5$\sqrt{3}$ + $\sqrt{3}$ = 6$\sqrt{3}$

よって，**2** が正答である。

No.2 の解説

△ BDM と△ CME において，∠ DBM =∠ MCE = 60°

また，三角形の外角は，隣り合わない 2 つの内角の和に等しくなるから，

∠DBM（= 60°）+∠MDB =∠DME（= 60°）+∠EMC

よって，∠ MDB =∠ EMC だから，△ BDM と△ CME は相似である。

△ ABC は正三角形だから，BM = 1，MC = 2 とすると，AB = AC = 3

よって，DB = x，CE = y とすると

DB：BM = MC：CE → x：1 = 2：y ……①

BM：MD = CE：EM → 1：$(3-x)$ = y：$(3-y)$ ……②

①より，$xy = 2$，②より，$3y - xy = 3 - y$

$xy = 2$ を $3y - xy = 3 - y$ に代入して，

$$3y - 2 = 3 - y \rightarrow y = \frac{5}{4}$$

したがって，BM と CE の長さの比は，

BM：CE = 1：$\frac{5}{4}$ = 4：5

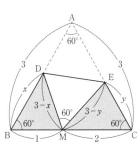

△ BDM と△ CME の面積比は $4^2 : 5^2 = 16 : 25$

よって，**4** が正答である。

★★★

テーマ

18 多角形

・複雑な多角形の問題は補助線をうまく利用しよう。
・いろいろ四角形の定義，性質，公式を覚えよう。
・これまで学んだ知識を確認しよう。

1 角度の和

①頂点が n 個ある多角形の内角の和は，

n **角形の内角の和** $= 180 \times (n-2)$

②**多角形の外角の和**は，$360°$

③ n 個の頂点から引くことのできる対角線の数は，

対角線の数 $= (n-3) \times n \div 2$

〔例 1〕 右の図のように，
5つの点 A ～ E を線で結
んだ図形がある。●を付け
た5つの角度の和と，角度
A ～ E の和を求めよ。

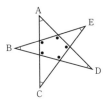

〔解説〕 ●を付けた5つの角は，五角形の内角だ
から，$180 \times (5-2) = 540$〔°〕

×を付けた角が五角形の外角になっており，そ
の角度の和は $360°$ で，○
を付けた角も五角形の外角
になっており，その角度の
和も $360°$ だから，角度の
合計は，$360 \times 2 = 720$〔°〕

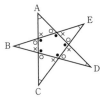

また，三角形の内角の和は $180°$ だから，5つの

230

三角形の内角の合計は，$180 \times 5 = 900$〔°〕

　ここから，×と○を付けた角度の合計を引いた大きさが，角度 A ～ E の和になるから，

　　$900 - 720 = 180$〔°〕

〔**例題 1**〕　右の図で，角度 $a \sim g$ の和を求めよ。

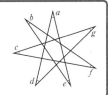

〔**解説**〕　次の図のように補助線を入れて考える。

　△ AIE の内角と外角の関係から，

　　　∠HIJ＝∠a＋∠e

　△ BJF の内角と外角の関係から，

　　　∠HJI＝∠b＋∠f

　△ HIJ と△ HDC は，×の付いた∠ IHJ と∠ DHC が対頂角で等しい。したがって，∠ HIJ と∠ HJI の和は，∠ HDC と∠ HCD の和と等しいので，

∠HDC＋∠HCD＝∠a＋∠e＋∠b＋∠f

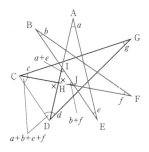

複雑な多角形の角度の和を求めるには，補助線をうまく利用しましょう。

また，△ GCD において，∠ G＋∠ C＋∠ D＝180°

→ ∠g＋∠c＋∠d＋（∠a＋∠e＋∠b＋∠f）＝180°

→ $\angle a + \angle b + \angle c + \angle d + \angle e + \angle f + \angle g = 180°$

2 いろいろな四角形

平行四辺形

（右欄）平行四辺形
AB∥DC，AD∥BC

2組の対辺がそれぞれ平行である四角形を平行四辺形という。平行四辺形には次の性質がある。

> ①2組の対辺は等しい。
>
> ②2組の対角は等しい。
>
> ③対角線はそれぞれの中点で交わる。
>
> また，平行四辺形の面積は，$S = ah$

ひし形

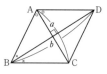

4つの辺の長さが等しい四角形をひし形という。ひし形には次の性質がある。

> ①ひし形の対角線は内角を二等分する。
>
> ②ひし形の対角線は垂直に交わる。
>
> また，ひし形の面積は，
>
> $S = (対角線) \times (対角線) \div 2 = \dfrac{ab}{2}$

台形

1組の対辺が平行な四角形を台形という。台形

の面積は, 平行な 2 辺 a, b,
高さを h とすると,

$$S = \frac{1}{2}(a + b)h$$

等脚台形
並行でない 1 組の対辺
の長さが等しい台形。

 いろいろな四角形の問題

　複雑な四角形の問題は, 補助線を利用する。ま
た, 相似や三平方の定理だけでなく, 方程式など
も利用して正答までの道筋を考える。

〔**例題2**〕　右の図で, 斜線部分の面積を求めよ。

〔**解説**〕　下図のように補助線を引いて, △ABC
と △CDA に分ける。△AFC は底辺が 2cm で高
さが 4cm の三角形, △AEC は底辺が 4cm で高
さが 6.5cm の三角形だから, 面積の合計は,

$$\frac{1}{2} \times 2 \times 4 + \frac{1}{2} \times 4 \times 6.5 = 4 + 13 = 17 (\text{cm}^2)$$

2 つの直角三角形に
分けて考えましょう。

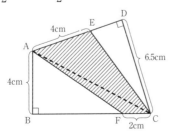

No.1 右の図のような長方形の土地に道路と公園があるとき，斜線部分の面積として正しいのはどれか。道路はまっすぐで，幅は一定とする。

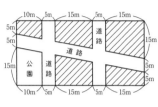

【東京都・改題】

1 $450m^2$ **2** $540m^2$ **3** $660m^2$ **4** $750m^2$ **5** $800m^2$

No.2 右の図の四角形 ABCD が CD = DA，BC = 12cm，∠ABC = ∠CDA = 90°であり，四角形 ABCD の面積が $81cm^2$ であるとき，AB の長さとして，正しいのはどれか。

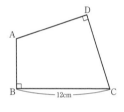

【東京都・改題】

1 3cm **2** 5cm **3** 6cm **4** 6.75cm **5** 4cm

正答と解説

No.1 の解説

次の図のように，3本の道路を端に詰めて，公園と斜線部分の土地をまとめる。公園と斜線部分の面積の合計は，

$$(5+15) \times (10+15+15) = 20 \times 40 = 800 (m^2)$$

また，図のように補助線を引くと，△APR と△CQR は相似であることがわかるから，RQ：RP＝CQ：AP より，

$$15+15+5+5 : 10+15+15+5+5 = CQ : 15-5 \rightarrow CQ = 8 (m)$$

234

したがって，CD＝8＋5＝13〔m〕

公園の面積は，CD∥AB の台形と考えて，

$\dfrac{1}{2} \times (13+15) \times 10 = 140$〔m²〕

斜線部分の面積は，

$800 - 140 = 660$〔m²〕

よって，**3** が正答である。

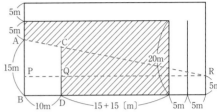

No.2 の解説

次の図のように，補助線 AC を引いて△ ABC と△ CDA に分け，AB＝x，CD＝DA＝y とすると，

△ CDA は直角二等辺三角形で，CD：DA：AC＝$1:1:\sqrt{2}$ だから，

CD：AC＝$1:\sqrt{2}$ → y：AC＝$1:\sqrt{2}$ → AC＝$\sqrt{2}y$

△ ABC は直角三角形だから，三平方の定理より，

$x^2 + 12^2 = (\sqrt{2}y)^2$ → $x^2 + 144 = 2y^2$ ……①

また，2 つの三角形の面積の合計は 81㎠だから，

$\dfrac{1}{2} \times 12 \times x + \dfrac{1}{2} \times y \times y = 81$ → $6x - 81 = -\dfrac{1}{2}y^2$

この式の両辺に－2 をかけると，

$-2 \times (6x - 81) = (-2) \times \left(-\dfrac{1}{2}y^2\right)$ → $-12x + 162 = y^2$ ……②

②を①に代入して，

$x^2 + 144 = 2(-12x + 162)$ → $x^2 + 24x - 180 = 0$ → $(x+30)(x-6) = 0$，

したがって，$x = -30$，6

x は正の数だから，$x = -30$ は不適切。

$x = AB= 6$〔cm〕

よって，**3** が正答である。

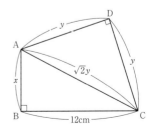

235

テーマ 19 円と扇形

・円の接線があるときは，中心から半径を引いて考えよう。
・円に内接する四角形の性質を覚えよう。

1 円と扇形

①円の公式（半径 r，円周率π）

面積 $= \pi r^2$ 　　円周の長さ $= 2\pi r$

②扇形の公式（半径 r，中心角θ，円周率π）

面積 $S = \dfrac{\theta}{360} \times \pi r^2$ 　　弧の長さ $l = \dfrac{\theta}{360} \times 2\pi r$

円と扇形

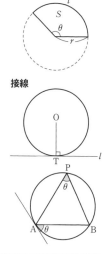

2 接線

円周上の点 T における接線は，半径 OT と垂直である（$OT \perp l$）。

また，円の弦 AB と，点 A における接線のなす$\angle\theta$は，その角の内部にある $\overset{\frown}{AB}$ に対する円周角$\angle APB$ に等しい（$\angle APB = \angle\theta$）。

〔**例題1**〕　右の図のように，3辺の長さが 3a, 4a, 5a の直角三角形に円が内接している。斜線部分の面積を求めよ。

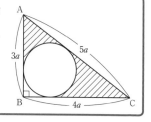

〔**解説**〕　△ABC の内接円が辺 AB, BC, CA と接する点をそれぞれ，P, Q, R とする。

直角三角形

3辺の比が 3：4：5 の直角三角形である。

また，内接円の中心を O，半径を x とすると，PB $\perp$ OP，BQ $\perp$ OQ であり，OP $=$ OQ $= x$ であるから，四角形 OPBQ は 1 辺の長さが x の正方形である。

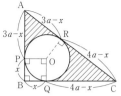

内接円の半径
内接円の半径は，点 B から引いた接線の長さに等しくなる。

よって，BP $=$ BQ $= x$

したがって，AR $= 3a - x$，CR $= 4a - x$

AR $+$ CR $= 5a$ だから，

$$3a - x + 4a - x = 5a \rightarrow x = a$$

求める面積は，$\triangle$ ABC から正方形 OPBQ と半径 x，中心角 $270°$ の扇形を引いて，

$$\frac{1}{2} \times 4a \times 3a - a \times a - \frac{270}{360} \times \pi \times a^2 = \left(5 - \frac{3}{4}\pi\right)a^2$$

〔**例題 2**〕　右の図は AB $=$ AC $= 13$cm，BC $= 10$cm の二等辺三角形である。内接している円の半径を求めよ。

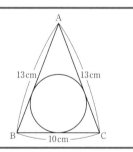

〔**解説**〕　内接円の中心を O とする。また，内接円と辺 BC，AB との接点をそれぞれ M，N とする。

AM $\perp$ BM だから，$\triangle$ ABM は $\angle$ AMB $= 90°$

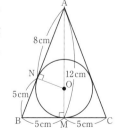

の直角三角形である。また，BM＝CM＝5〔cm〕
だから，三平方の定理により，

$$AM^2 = 13^2 - 5^2 = 144 \rightarrow AM = 12〔cm〕$$

BM＝BN＝5〔cm〕だから，AN＝13－5＝8〔cm〕

△AMBと△ANOにおいて，∠BAM＝∠OAN，
また，∠AMB＝∠ANO＝90°だから，△AMB
と△ANOは相似である。

したがって，AM：AN＝BM：ONより，

$$12 : 8 = 5 : ON \rightarrow ON = 8 \times \frac{5}{12} = \frac{10}{3}$$

よって，内接している円の半径は，$\frac{10}{3}$〔cm〕

円の外部の点から
円に引いた2本の
接線の長さは等し
くなるから，BM＝
BNです。

3 円に内接する四角形

①円に内接する四角形の対角の和は180°
　$(a + \beta = 180°)$。
②円に内接する四角形の外角は，内対角に等
　しい（∠CBE＝a）。

4 円周角の定理

①1つの弧に対する円周角の大きさは，その
　弧に対する中心角の半分である。
②同じ弧に対する円周角の大きさは等しい。

円に内接する四角形

円周角の定理

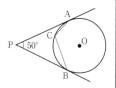

〔例題3〕 右の図のように，点Pから円Oに2本の接線を引き，接点をA，Bとし，劣弧AB上の点をCとする。∠APB＝50°のとき，角ACBの大きさを求めよ。

〔解説〕 内接円と辺AP，BPとの接点がそれぞれA，Bなので，

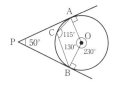

優弧・劣弧
半円周より長いほうの弧を優弧，短いほうの弧を劣弧ということがある。

PA⊥OA，PB⊥OB，

また，四角形OAPBの内角の和は360°だから，

∠AOB＝360－90×2－50＝130°

∠ACBは優弧ABに対する円周角で，優弧ABの中心角は，360－130＝230°だから，

∠ACB＝230÷2＝115°

〔例題4〕 右の図で，△ABCはAC＝BCの二等辺三角形で，△ADBと△ACEは正三角形である。角BFCの大きさを求めよ。

〔解説〕 △ABEと△ADCは合同である。∠AEF＝∠ACFより，円周角の定理が成り立つから，4点AFCEは同一円周上にある。円周角の定理より，∠CFE＝∠CAE＝60°

よって，∠BFC＝180－∠CFE＝180－60＝120°

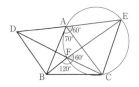

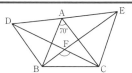

合同の証明
△ABEと△ADCにおいて，△ADBと△ACEは正三角形だから，
AB＝AD，AE＝AC
∠BAE＝70＋∠CAE＝70＋60＝130°
∠DAC＝70＋∠DAB＝70＋60＝130°
よって，∠BAE＝∠DAC
2辺とその間の角がそれぞれ等しいから，
△ABEと△ADCは合同。

〔**例題 5**〕 右の図のように，長方形 ABCD が半径 5cm の半円に内接している。AD＝6cm，AD の中点を E としたとき，三角形 BCE の面積を求めよ。

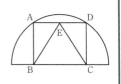

〔**解説**〕 半円の中心を O とし A, D をそれぞれ結ぶ。△ ABE, △ DCE, △ BAO, △ CDO は合同だから，

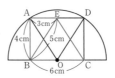

$$AE = 6 \div 2 = 3 \text{〔cm〕}$$

OA ＝ EB ＝ 5〔cm〕だから，△ ABE において，三平方の定理により，

$$AB^2 + 3^2 = 5^2 \rightarrow AB^2 = 16 \rightarrow AB = 4 \text{〔cm〕}$$

よって，△ BCE の面積は，$\dfrac{1}{2} \times 6 \times 4 = 12 \text{〔cm}^2\text{〕}$

扇形や半円の典型的な問題は補助線を活用します。

〔**例題 6**〕 右の図のように，直径 12cm の半円 O の内部に OA，OB を直径とする 2 つの半円と，直径 AB と垂直な半径 OC を直径とする円がある。斜線部の面積を求めよ。

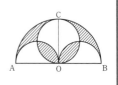

〔**解説**〕 図のように補助線を引いて面積を移動させると，求める面積は，半円から △ ABC を引いた面積になる。よって，半円の半径は 6cm だから，

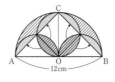

$$\frac{1}{2} \times \pi \times 6^2 - \frac{1}{2} \times 12 \times 6 = 18\pi - 36 \text{〔cm}^2\text{〕}$$

〔例題 7〕 右の図のように，1 辺の長さが a の正六角形に円が外接している。斜線部分の面積を求めよ。

〔解説〕 次の図のように正六角形を 1 辺の長さが a の正三角形に 6 分割する。円の中心 O と辺 AB の中点 M を結ぶと，OM ⊥ AB だから，直角三角形 OAM において，∠ AOM = 60 ÷ 2 = 30°

中心角は 360° を 6 分割しているので，△ OAB は頂角が 60° の二等辺三角形，つまり，正三角形です。

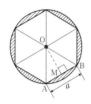

よって，△ OAM の 3 辺の比は，AM : MO : OA = $1 : \sqrt{3} : 2$　したがって，AM = $\dfrac{a}{2}$ だから，

AM : MO = $1 : \sqrt{3}$ → MO = $\dfrac{a}{2} \times \sqrt{3} = \dfrac{\sqrt{3}\,a}{2}$

よって，

$$\pi \times a^2 - 6 \times \dfrac{1}{2} \times a \times \dfrac{\sqrt{3}\,a}{2} = \pi a^2 - \dfrac{3\sqrt{3}\,a^2}{2}$$
$$= \dfrac{2\pi - 3\sqrt{3}}{2} a^2$$

垂直二等分線
二等辺三角形や正三角形の頂角と底辺の中点を結ぶと，底辺と垂直になる。

No.1

右の図のように，直径 D の 4 つの大きい円が，1 つの小さい円と接しているとき，小さい円の面積として正しいのはどれか。ただし，円周率を π とする。　　　　　【東京都・改題】

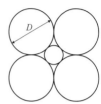

1 $\dfrac{3-2\sqrt{2}}{4}\pi\mathrm{D}^2$　　**2** $\dfrac{3-2\sqrt{2}}{2}\pi\mathrm{D}^2$

3 $\dfrac{2-\sqrt{3}}{2}\pi\mathrm{D}^2$　　**4** $(3-2\sqrt{2})\pi\mathrm{D}^2$　　**5** $(12-8\sqrt{2})\pi\mathrm{D}^2$

No.2

右の図のように，点 O を中心とする半径 10cm の円に直径 AB と垂直な半径 OC を書き，点 C から半径 OB を二等分する点 D を通る直線が円と交わる点を E とする。斜線部分の面積として正しいのはどれか。ただし，円周率は π とする。【東京都・改題】

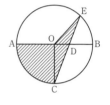

1 $25\pi+40$〔cm^2〕　　**2** $25\pi+60$〔cm^2〕　　**3** $25\pi+80$〔cm^2〕

4 $30\pi+40$〔cm^2〕　　**5** $30\pi+60$〔cm^2〕

正答と解説

No.1 の解説

補助線を引いて，大きい円の中心と小さい円の中心を対角線とする，四角形を考える。小さい円の一部である扇形は四分円だから，中心角は 90° である。また，大きい円の円周上の接線は，大きい円の半径と垂直だから，この四角形は正方形である。

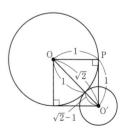

大きい円の半径を 1 とすると，直角二等辺三角形 OO'P の 3 辺の比は，

OP：PO'：O'O＝1：1：$\sqrt{2}$

したがって，正方形の対角線 O'O の長さは $\sqrt{2}$ だから，小さい円の半径は，$\sqrt{2}-1$　大きい円と小さい円は相似だから，半径の比が 1：$(\sqrt{2}-1)$ のとき，面積の比は，

1^2：$(\sqrt{2}-1)^2$ → 1：$2-2\sqrt{2}+1$ → 1：$(3-2\sqrt{2})$

大きい円の面積は，$\pi \times \left(\dfrac{D}{2}\right)^2 = \dfrac{\pi D^2}{4}$ だから，小さい円の面積は，

$$\dfrac{\pi D^2}{4} \times (3-2\sqrt{2}) = \dfrac{3-2\sqrt{2}}{4}\pi D^2$$

よって，**1** が正答である。

No.2 の解説

OD の長さは，半径の半分なので，（10÷2＝）5cmである。

E から OC の延長線上に垂線 EH を下ろすと，∠COD＝∠CHE，∠CDO＝∠CEH より，2 組の角がそれぞれ等しいから，△CDO と△CEH は相似である。

よって，CO：DO＝CH：EH＝10：5＝2：1 だから，EH の長さは，OH＝$2x$〔cm〕とすると，EH＝$(2x+10)\times\dfrac{1}{2}=x+5$〔cm〕

直角三角形 OHE において，三平方の定理により，

$(2x)^2+(x+5)^2=10^2$ → $4x^2+x^2+10x+25=100$ → $5x^2+10x-75=0$

この式の両辺を 5 で割って，$x^2+2x-15=0$ → $(x+5)(x-3)=0$

よって，$x=-5, 3$（$x=-5$ は適さないが，$x=3$ は適している）。

CH＝$x+5=3+5=8$〔cm〕が，CO を底辺とする△CEO の高さである。よって，求める面積は，扇形 AOC と△CEO の合計だから，

$$\dfrac{90}{360} \times \pi \times 10^2 + \dfrac{1}{2} \times 10 \times 8 = 25\pi+40 \text{〔cm}^2\text{〕}$$

よって，**1** が正答である。

テーマ 20 立体図形・最短距離

・円柱，角柱の体積は，底面積×高さ
・円すい，角すいの体積は，底面と高さが同じ円柱，角柱の体積の $\dfrac{1}{3}$
・最短距離の問題は，展開図で考えよう。

---

1 直方体・立方体，円柱・角柱

① 3 辺が a, b, c の直方体の体積 V は，$V=abc$

② 1 辺が a の立方体の体積 V は，$V=a^3$

直方体

立方体

③ 底面積が S，高さが h である，円柱，角柱の体積 V は，$V=Sh$

特に円柱は，底面の半径を r とすると，体積 V は，$V=Sh=\pi r^2 h$

〔例題 1〕 左側の円柱の金属を原料にして，右側の空洞のある立体に作り直した。右の立体の高さを求めよ。

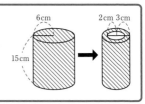

〔解説〕 右の立体の高さを $x\,\mathrm{cm}$ とすると，
原料の金属の体積は等しいので，

$$(\pi \times 3^2 - \pi \times 2^2) \times x = \pi \times 6^2 \times 15$$

$$x = 108\,[\mathrm{cm}]$$

2 直円すいと三角すい

① 底面積が S，高さが h である，角すい，円

すいの体積 V は，$V = \dfrac{1}{3}Sh$

特に円すいは，底面の半径を r とすると，

体積 V は，$V = \dfrac{1}{3}\pi r^2 h$

② 1 辺が a の正四面体の

体積 V は，$V = \dfrac{\sqrt{2}}{12}a^3$

③ 直円すいの側面の展開

図は半径 l，弧の長さ

$2\pi r$ の扇形である。

④ 直円すいの母線の長さ

を l，低面の半径を r

とすると，$l^2 = r^2 + h^2$

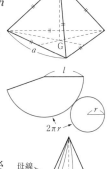
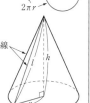
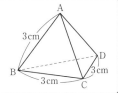

正四面体
6 本のすべての辺が等しい三角すいを正四面体という。1 つの頂点から対面に引いた垂線の足は重心 G に一致する。

直円すい
母線の長さがどこも等しい円すい。

〔**例題2**〕 右の AB＝BC＝CD＝3cm の三角すいで，AC，AD，BD の長さは一定でない。三角すいの最大の体積を求めよ。

〔**解説**〕 BC ⊥ CD のとき，△BCD の底面積が最大になる。さらに，AB ⊥ △BCD のとき，三角すいの高さは最大になる。体積の最大値は，

$$\frac{1}{3} \times \left(\frac{1}{2} \times 3 \times 3\right) \times 3 = \frac{9}{2}\,[\text{cm}^3]$$

〔**例題3**〕　右の展開図を組み立てたときにできる
立体の体積を求めよ。展開図の側面は半円で，そ
の半径は 12cm である。

〔**解説**〕　直円すいの展開図である。底面の円の半
径を r とする。底面の円周と側面の半円の弧の長
さは等しいので，

$$2\pi r = 2\pi \times 12 \times \frac{1}{2} \rightarrow r = 6$$

したがって，右の直角三
角形は $12 : 6 = 2 : 1$ より，
$1 : \sqrt{3} : 2$ とわかるから，
高さは，

$$6 \times \sqrt{3} = 6\sqrt{3} \,\text{〔cm〕}$$

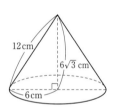

よって，体積は，$\frac{1}{3} \times \pi \times 6^2 \times 6\sqrt{3} = 72\sqrt{3}\pi \,\text{〔cm}^3\text{〕}$

3　相似な図形の面積比，体積比

相似な図形で，長さの比が $a : b$ ならば，面積
比は長さの比の 2 乗だから，$a^2 : b^2$ である。

また，相似な立体で，長さの比が $a : b$ ならば，
体積比は長さの比の 3 乗だから，$a^3 : b^3$ である。

立体の底面積の比は $a^2 : b^2$，高さの比（長さの
比）は $a : b$ なので，体積の公式 $V = Sh$ より，

$$a^2 \times a : b^2 \times b = a^3 : b^3$$

246

と求めることができる。これは, 円柱や角柱, また, 円すいや角すいなどに限らず, あらゆる相似な図形の体積比に当てはまる。

〔例題4〕 右の図は体積が1の正四面体である。この立体の各辺上のすべての中点を頂点とする立体の名称を示し, 体積を求めよ。

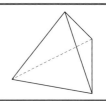

〔解説〕 もとの正四面体の4つの頂点をそれぞれ含む図形で, 1辺の長さが, もとの半分の長さの正四面体を切り取った図形になる。すべての面が正三角形なので, この立体は正八面体である。相似な立体の体積比は長さの比の3乗だから, 切り取る正四面体の体積は,

$$1 \times \left(\frac{1}{2}\right)^3 = \frac{1}{8}$$

よって, 4つ切り取るので, 求める体積は,

$$1 - \frac{1}{8} \times 4 = 1 - \frac{1}{2} = \frac{1}{2}$$

立体図形の切断
切り取る四面体の辺の長さはすべてもとの正四面体の1辺の長さの半分だから, 切り取った立体も正四面体であり, 切り口が正三角形になることがわかる。

4 立体の表面上の最短距離

①立体図形の表面を通る2点間の距離(経路)は展開図で考える。
②最短距離は, 展開図において2点を結ぶ線分。
③円すいの場合は, 側面の扇形の中心角を調べる。

〔**例題 5**〕　右の図の三角柱は，AC = 8cm，BC = 6cm，AD = 12cm，∠ ACB = ∠ DFE = 90° である。点 B から CF 上の任意の点 S，AD 上の任意の点 R を経由して E までを最短で結ぶときの SR の長さを求めよ。

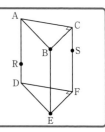

〔**解説**〕　△ ABC において，三平方の定理により，
$$AB^2 = 6^2 + 8^2 = 100$$

AB は長さを表す正の数だから，AB = 10〔cm〕

この三角柱の側面を展開図で表すと，次のようになる。

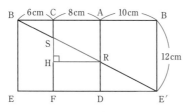

R から CF に垂線 RH を引くと，

△ BE′E と△ SE′F において，BE ∥ SF より，

BE:SF = EE′:FE′→12:SF = 24:18→SF = 9〔cm〕

△ SFE′ と△ SHR において，FE′ ∥ HR より，

SF:SH = FE′:HR → 9:SH = 18:8 → SH = 4〔cm〕

よって，△ SHR において，三平方の定理により，
$$SR^2 = 4^2 + 8^2 = 80$$

SR は長さを表す正の数だから，
$$SR = \sqrt{80} = 4\sqrt{5} \text{〔cm〕}$$

三角形の相似や三平方の定理を用いて解きます。

最短距離

展開図において 2 点 B，E を結ぶ線のうち，最も長さが短いのは直線で結んだ線分 BE である。

EE′とFE′の長さ
EE′ = EF + FD + DE′
　　 = 6 + 8 + 10
　　 = 24〔cm〕
FE′ = FD + DE′
　　 = 8 + 10
　　 = 18〔cm〕

TRY! 過去問にチャレンジ

No.1 右の立体は，AB＝CD＝EF＝6cm，DE＝FC＝12cm，AD＝AC＝BE＝BF＝$\sqrt{118}$cm である。この立体の体積はいくらか。【警視庁・改題】

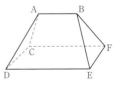

1 240cm³   **2** 260cm³   **3** 280cm³   **4** 300cm³   **5** 320cm³

No.2 右の図のように，AB＝4cm，DA＝8cm の長方形 ABCD がある。AB，BC，CD，DA 上にそれぞれ，P，Q，R，S を取り，BQ＝5cm としたとき，PQ＋QR＋RS＋SP の最小値として，正しいのはどれか。

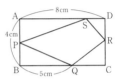

【警視庁・改題】

1 $4\sqrt{5}$ cm   **2** $8\sqrt{3}$ cm   **3** 16cm   **4** $8\sqrt{5}$ cm   **5** 24cm

正答と解説

No.1 の解説

点 A から DE に垂線 AH を引くと，台形 ADEB は等脚台形だから，

$$DH＝\frac{12-6}{2}＝3（cm）$$

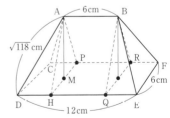

同様に点 A から CF に垂線 AP を，点 B から DE，CF にそれぞれ垂線 BQ，BR を引く。△ADH において，三平方の定理により，

$$AH^2＋3^2＝\sqrt{118}^2 → AH^2＝118-9＝109$$

また，PH の中点を M とすると，△APH は二等辺三角形だから，

∠AMH=90°

よって，MH=6÷2=3〔cm〕だから，△AMH において，三平方の定理により，$AM^2+3^2=AH^2 \rightarrow AM^2+3^2=109 \rightarrow AM^2=109-9=100$

AM は長さを表す正の数だから，AM=10〔cm〕

したがって，立体 A-CDHP と立体 B-EFRQ は，底面が $3×6$〔cm^2〕の長方形で，高さが10cmの四角すい，立体 APH-BQR は，底面が△APH で高さが6cmの三角柱であることがわかる。よって，求める体積は，

$$\left(\frac{1}{3}×3×6×10\right)×2+\frac{1}{2}×6×10×6=120+180=300〔cm^3〕$$

よって，**4** が正答である。

No.2 の解説

求める最小値を l とする。点 Q を起点にして，最短経路を考える。QR の延長線上に S があるように，DC を軸として長方形

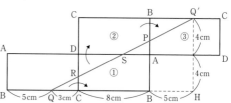

ABCD と線対称な長方形①を書く。次に，RS の延長線上に P があるように，DA を軸として長方形①と線対称な長方形②を書く。さらに，SP の延長線上に Q′ があるように，BA を軸として長方形②と線対称な長方形③を書く。

最短経路は，図のように QQ′ 上に R，S，P があるときである。

辺QCB の延長線上に QH⊥Q′H となる点 H を取る。QH=3+8+5=16〔cm〕，Q′H=4+4=8〔cm〕だから，△QHQ′ において，三平方の定理により，$l^2=16^2+8^2=320$

l は長さを表す正の数だから，$l=\sqrt{320}=8\sqrt{5}$〔cm〕

よって，**4** が正答である。

文章理解・
資料解釈

テーマ 01 現代文（要旨把握・内容把握）

・要旨把握の問題は，線や矢印などで記しながら，本文の構成を考えよう。
・内容把握の問題は，筆者の主張を見つけ出そう。

1 要旨把握と内容把握の違い

要旨把握：文章全体をまとめ，筆者の言いたいことが把握できたかを確認する。

内容把握：本文と選択肢の内容が一致することを確認する。本文の内容は一部でよい。

〔問題を解く手順〕

①問題形式を確認する

②選択肢から本文の内容を予測する

③本文を読む

④正答を見つけ出す

2 要旨把握問題のポイント

〔話の展開を見抜く〕筆者は自分の言いたいことを抽象的に問題提起として述べることが多いので，最初の文に注意する。また，最初に述べた主張は「結論」でまとめるので，その点にも注意する。

〔キーセンテンスを見つける〕キーセンテンスは，問題提起の部分や逆接の接続詞の後に出てくることが多い。また，キーセンテンスは何度も言い換えられたり，例を用いて解説されたりしているので，筆者が何を主張しているかがわからないとし

問題形式の確認
問題に取りかかる前に，必ず要旨把握，内容把握なのかを確認する。

キーセンテンス
キーセンテンスとは，筆者の主張を表したカギとなる文のことである。

ても，前後の文章をヒントにすることができる。

〔接続詞を見つけ出す〕接続詞をチェックすることで，文章の構成が見つけやすくなる。

〔本文の構成を考えながら読む〕本文をただ読むだけではなく，キーセンテンスやキーワードといった重要な箇所には線を引き，接続詞などを参考に，文と文の関係を矢印などでわかりやすく記す。選択肢を選ぶときは，根拠を本文に求めるが，線や矢印が記されていれば，どこに何が書かれていたかがすぐにわかるので便利である。

理由や説明がいくつかあればそれに番号を付けるのもよいです。

3 内容把握問題のポイント

〔**筆者の主張を見つけ出す**〕筆者は自分の主張を読者に伝えるために文章を書いている。読者が理解できるように，言い換え，具体例，引用，反対意見などで自分の主張を展開する。したがって，一文がわからなくても，文章の前後から筆者の考えを読み取ることができる。

〔**筆者の意見とその反対意見**〕逆接の接続詞の後には筆者の言いたいことが来る。一般論は筆者の主張とは反対の内容である場合が多いということも覚えておくとよい。

〔**選択肢の選び方**〕

・必ず選んだ根拠を本文中に求める。

・選択肢を選ぶときは消去法を使う。

・極端な選択肢は避ける。

・要旨把握か内容把握かをもう一度確認する。

反対意見

筆者は自分の意見を強調するために，自分とは正反対の一般論や考えを引いてくることがある。その際「しかし」「だが」などの逆接の接続詞の後に筆者の言いたいことが来る。

極端な選択肢

「絶対」「必ず」「いつも」など，断定的に述べた選択肢は間違いであることが多い。

TRY! ▶ 過去問にチャレンジ

次の文の内容と合致するものとして最も妥当なのはどれか。

【国家一般職／税務／社会人】

「動物」というとき，人は何を想定しているのであろうか？半ば無意識に用いられる表現の中でこのことばが何と対置されるかをみてゆくと，そのへんがほぼ明らかになってくる。

まず，「人間と動物」といういいかたが広く通用している。つまり，動物とは人間を除いたほかの動物のことなのである。このきわめてアリストテレス的な，いやそれ以上に人間中心的な表現には，ふしぎなことにだれもほとんど抵抗や矛盾を感じない。それはむしろ当然のことと受けとられ，これに反する表現には，反人道的な冒瀆（ぼうとく）という印象すら抱きかねない状態ではないだろうか？　人間が動物の一種であることはだれしもアタマでは認めながら，心情的には断固拒否しているのである。

子どもの本などを見ていると，ときどき「昆虫と動物」というようなタイトルの図鑑のあることに気づく。あるいは，何巻かのシリーズが，「植物」，「昆虫」，「動物」のようにわけられている。このとき，動物とは脊椎動物，とくに哺乳類を指しているらしい。

何ごとによらず，人間は自分にいちばん近いものをよく認知し，しかも自分に近いがゆえにそれと自分を区別しようとしたがる。動物ということばによって想定されるイメージも，この自己中心主義の一つの例にすぎないのかもしれない。

けれど，今あげた二つの表現（「人間と動物」，「動物と昆虫」）には，かなり重要な問題が含まれているような気がする。というのはこのいいまわしが，自然科学の領域に属したものであるからだ。

いくつもの価値観が対立していて，それぞれ自分の価値体系こそ唯一のもの

と信じていることがおのずから明らかである政治や宗教の領域とは異なって，自然科学では価値体系は一つであると教えられ，信じられている。実際にはそうではないのだろうが，すくなくとも今日自然科学の存立の基盤とされているのは，この信念である。その結果として人は，完全な自己中心的価値観によって生みだされた認識をあたかもいわゆる客観的科学的な真理として受入れてしまうおそれがある。いや，現在すでにそこに立ちいたっているといったほうがよい。

　アメリカのある科学史学者は「科学とは部族の神話と真実との区別すらできなくさせる自己欺瞞の体系だ」といっている。もしかすると，これもあながち暴言とはいえないのかもしれない。

1　人間は，動物とは人間を除いたほかの動物のことであるということをアタマで認めているため，人間中心的な表現である「人間と動物」といういいかたにもほとんど抵抗や矛盾を感じない。

2　「人間と動物」というきわめてアリストテレス的な表現を，人間が心情的に断固拒否しなければ，自然科学はその存立の基盤を揺るがし，自己欺瞞の体系となってしまうおそれがある。

3　子どもの本が「植物」，「昆虫」，「動物」のようにわけられているのは，子どもがその違いを認知しやすく，自分と区別しようとしたがることが知られているからである。

4　「人間と動物」，「動物と昆虫」といった表現には，自己中心的価値観によって生みだされた認識を客観的科学的な真理として受入れてしまっているという問題が含まれている。

5　自然科学の領域は，いくつもの価値観が対立する中でも真の価値体系は一つであるという信念を存立の基盤としており，唯一の価値体系しか持たない政治や宗教の領域とは異なる。

No.1 の解説

　出典は日高敏隆『犬のことば』。今日の自然科学の中にある人間中心主義
的な価値観への疑念を表した文章で，内容把握の問題である。

1✗　後半は正しいが，人間は「人間が動物の一種であること」を「アタマ
　　で」認めながら，「心情的」に拒否しているので，前半が誤りである（第
　　2段落）。

2✗　「人間が心情的に断固拒否しなければ」という主張が本文中に示され
　　ていない。また，「おそれがある」と懸念しているのではなく，筆者は
　　自然科学の中の「自己欺瞞の体系」を指摘している。

3✗　子どもの本について述べられている第3段落で，子どもの認知につ
　　いては触れられていない。

4◯　妥当である（第5〜6段落）。

5✗　「いくつもの価値観が対立」しているのは自然科学ではなく，政治や
　　宗教の領域である。したがって政治や宗教について「唯一の価値体系し
　　か持たない」という記述も誤りである（第6段落）。

　よって，**4**が正答である。

★★★

テーマ
02

現代文
（空欄補充・文章整序）

・空欄の前後だけでなく，文章全体から空欄を考えよう。
・文章整序は指示語，接続詞，キーワードから大まかな
　文章の流れをつかもう。

1 空欄補充問題の解き方

　空欄補充の問題は，空欄の前後だけでなく本文
全体から考えよう。

〔問題形式・空欄の位置を確認する〕

　本文中のどこに空欄があるのかチェックしてお
くとよい。文章を補充するタイプの問題で，空欄
が文末にある場合は，本文の結論・まとめが入る
ことが多い。

〔選択肢から本文の内容を予想する〕

　空欄を補充するのが言葉や文章の場合は，本文
の内容を予想し，本文を構成している話題のどこ
に空欄が入っているのか注意する。

〔本文を読む〕

　空欄の前後だけでなく，文章全体の流れの中で
空欄を補充する。

〔正答を見つけ出す〕

　すべての空欄を補充した後必ずもう一度読んで
確認してみる。

接続詞

接続詞は，空欄の位置，
役割を理解するために
重要である。

2 文章整序問題の解き方

〔文章を読み，内容を把握する〕

　順序がバラバラのままで文章をざっと読み，内容面から順序を判断するためのヒントを得る。

〔接続詞や指示語をチェックする〕

　接続詞や指示語により，文章の前後関係が特定できるので，接続詞や指示語に線を引く。接続詞であれば，どの部分とどの部分を結んでいるのか，あるいはそれらがどういう関係となり文章を構成しているのかを読み取る。指示語であれば，どの部分のことをさしているのかを把握する。

〔並べ替えできるものから並べ替える〕

　接続詞や指示語あるいは内容から順序がわかるものを並べ替える。つながりが見つけられたものから小さなグループに分け，選択肢をヒントに並べるとよい。

〔選択肢と照合する〕

　小さなグループができたり，確実につながる組合せがわかったりした時点で選択肢を絞り，その選択肢のつながりが正しいかどうか読んでみる。順序の見当がつかないときは，逆に選択肢を利用して考えることもできる。

〔選んだ選択肢の順序で読み返す〕

　選んだ選択肢の順序で読み返し，矛盾点や違和感がないか確認する。

接続詞

接続詞がどのような働きをしているかを考える。たとえば，「だから」の後には理由があり，「なぜなら」の前には結果があるはずである。そのような働きを考えることで，文章のつながりが見えてくる。

指示語

指示語に印を付けておき，その指示内容を探す。指示内容が見つかると，つながりが明確になり，並び替えがしやすくなる。

キーワード

繰返し出てくる言葉は，その文章の主題であることが多い。

TRY! ▶ 過去問にチャレンジ

No.1 次の ▢▢▢▢ と ▢▢▢▢ の文の間に，A ～ E を並べ替えて続けると意味の通った文章になるが，その順序として最も妥当なのはどれか。　　　　　　　　　　　【国家一般職／税務／社会人】

> 多くの植物は，春か秋に，花を咲かせる。

A：だから，夏の暑さ，冬の寒さがくる前の季節，春と秋に，花を咲かせる植物が多いのだ。春か秋に花を咲かせば，夏の暑さ，冬の寒さがくるまでに種子をつくることができる。ということは，植物は，夏の暑さ，冬の寒さの訪れを，春や秋に，前もって知らねばならない。

B：「なぜ，春と秋に，花を咲かせる植物が多いのか」と考えてほしい。この疑問に対し，「春と秋は，暑くもなく寒くもなく，過ごしやすい気温だから，植物が花を咲かすのにいい季節なのだろう」と，思う人がいるかも知れない。

C：暑さに弱い植物は，種子となって夏を過ごす。寒さに弱い植物は，種子となって冬を過ごす。種子は，植物の姿では耐えられないような暑さ，寒さをしのいで，生きられるからである。しかし，種子をつくるためには，月日がかかる。

D：魚の回遊や鳥の渡りなどは，その代表例である。しかし，植物は，夏の暑さ，冬の寒さを逃れて移動しない。

E：しかし，植物たちが花を咲かせるのは，そんなに気楽なものではない。動物は，夏の暑さ，冬の寒さを逃れて移動する。

> そのために，葉っぱが時を刻んで，夜の長さをはかるのだ。夜の長さをはかれば，暑さ，寒さの訪れが前もってわかるのだ。

1 B→C→A→E→D
2 B→E→D→C→A
3 C→A→B→E→D
4 C→B→A→E→D
5 C→E→B→D→A

No.1 の解説

　出典は田中修『ふしぎの植物学』。まず，初めの文と終わりの文を読む。初めの文は「多くの植物は，春か秋に，花を咲かせる」というもので，終わりの文は「夜の長さをはかれば，暑さ，寒さの訪れが前もってわかるのだ」と，時をはかるという内容になっている。

　次に，選択肢を見ると，1番目は **B** か **C** のどちらかである。**B** で「なぜ，春と秋に，花を咲かせる植物が多いのか」という疑問を示し，**C** で，**B** で示した疑問に答えている。したがって，**B** の後に **C** が来る。

　B は「～と，思う人がいるかも知れない」で終わる。これは逆接の展開を予告する表現である。そこで，「しかし」で始まる **E** に注目する。**B** と **E** は「花を咲かせる」という話題でつながっており，**E** の「そんなに気楽なもの」とは，**B** の「過ごしやすい気温だから，植物が花を咲かすのにいい季節なのだろう」という内容をさす。したがって，**B** の後に **E** が来る。

　B→**E** の流れであることから，**2** を確認する。**E** から **D** では，動物と植物の対比から植物の生態を説明している。また，**C** から **A** において，**C** では，種子となって暑さや寒さをしのぐ植物の戦略を示した後，「種子をつくるためには，月日がかかる」と時の長さへ話題が移っている。そして，**A** で「だから～」と結論を述べた後，「植物は，夏の暑さ，冬の寒さの訪れを，春や秋に，前もって知らねばならない」と展開している。この部分は，終わりの文の「そのために」の指示内容である。

　全体を読むと，「植物は春か秋に花を咲かせる」→「動物と違って植物は移動しない」→「時をはかって種子をつくる」という流れになり，矛盾や違和感はない。よって，**2** が正答である。

テーマ 03 ★★★ 英文（要旨把握・内容把握）

・英文の構成に慣れて，英文の流れをつかもう。
・選択肢を先に読んで，文章の内容を予想してから英文を読もう。

1 英文問題の勉強法

　英文の内容を問う問題が多いため，詳細の理解よりも英文の構成や流れをつかむことが大切である。英文を読むときは，意味のわからない単語があっても，そこで止まらず前後の単語や文脈から予想しながら読み進めよう。大まかに英文の内容がわかれば選択肢を絞れる問題が多いので，単語や文法の知識を増やすことよりも英文に慣れることを優先してほしい。

> **英文の構成**〈段落で分かれていることが多い〉
> 　導入部分　→　展開部分　→　結論
> 　　　　　　　（出来事）　　（オチ）

2 選択肢を先に読む

　英文を読む前に日本語の選択肢を読んでおくと，内容や登場人物を予想できる場合がある。また，わからない単語のヒントにもなりうる。

　ただし，あくまでも英文を予想するために，ざっと目を通す程度でよい。

正確に和訳しないといけないわけではないので，そんなに怖がらなくていいよ！

だれの発言か考えよう
" "（クオーテーションマーク）は日本語の「　」の役割。主語は発言の前の場合と後ろの場合がある。

so（だから），because（なぜなら），but（けれども），however（しかしながら）のような接続詞の前後や，I think that … ，のような表現の後に結論が書かれることが多いです。

No.1 次の文の内容と合致するものとして最も妥当なのはどれか。

【国家一般職／税務／社会人】

Pineapples aren't just good to eat. A Spanish businesswoman wants to convince us that they're also good to wear.

Carmen Hijosa has created Piñatex, a textile made from pineapple leaves. She hopes it will give the fashion industry a sustainable alternative to leather. Hijosa is a clothes designer by trade, but doesn't wear leather because it is bad for the environment.

She found that Philippine farmers make a fiber called piña from pineapple leaves. They use piña to make many things, like clothes and bags. The word "piña" comes from the Spanish word for "pineapple."

"Because of their characteristics — they're very fine and strong and flexible — my idea was what if I make a mesh with these fibers, not unlike what leather is," Hijosa said.

Piñatex dries like leather when it gets wet. It is used to make many things, including jackets.

1 スペインの女性は，パイナップルをあまり食べないが，化粧水にして肌に付けることが多い。

2 Hijosa 氏は，革製品を着用したいが，スペインの気候に合わないため，ほとんど着用しない。

3 Hijosa 氏は，パイナップルの葉から作られる生地が，皮革の代替品として広まることを期待している。

4 フィリピンの農家では，かばんなどが古くなると，生地に加工して用いている。

5 Hijosa 氏の会社が新しい生地を作ることができたのは，たくましく，柔軟性のある社員を採用してきたからである。

正答と解説

○ **No.1** の解説

出典は"Pineapple leaves give fashion houses vegan alternative to leather", The Japan Times alpha（2019.1.14）で，内容把握の問題である。

1と4は，文の内容に合わない。2は第2段落に「革製品は環境に悪いので着用しない」とあるので不適切。5は第4段落で，社員ではなく，ピニャと呼ばれる繊維が「強く柔軟性がある」と書かれているので不適切。3は第2段落の内容と合うので，**3**が正答である。

〔参考　英文の全訳〕

パイナップルは食べておいしいだけではない。それは着るのにもよいということを，スペイン人の女性実業家が，私たちに納得させたいと思っている。

カルメン・ヒホサ氏はパイナップルの葉から作った布地ピニャテックスを作成した。彼女はこれがファッション業界に革製品に変わる持続可能な選択肢を提供することを望んでいる。ヒホサ氏の職業は服のデザイナーだが，革製品は環境に悪いので着用しない。

彼女は，フィリピン人の農業従事者がパイナップルからピニャと呼ばれる繊維を作ることを知った。彼らはピニャを使って，洋服やかばんなど多くのものを作る。「ピニャ」という言葉は「パイナップル」を意味するスペイン語に由来する。

全訳はあくまでも参考です。和訳ができないといけないわけではありません。

「その特徴（とても細かく強く柔軟性がある）から，私は革製品と同じようにこの繊維でメッシュを作ったらどうなるかと思ったのです」とヒホサ氏は述べた。

ピニャテックスは，濡れると革製品のように乾く。ジャケットなど多くのものを作るのに使われている。

数　表

★★

テーマ **04**

・資料解釈の問題は，与えられた資料から論理的に導かれる事柄を正しく判断しよう。
・計算は，記述通りに計算するのではなく，楽な計算方法がないか，常に考えよう。

1　資料解釈の問題の取り組み方

　資料解釈の問題では，与えられた資料からわかることを利用して選択肢の正誤を判断する。

　実数，割合（構成比，増加率など），指数のような数値データを扱う場合は，計算を工夫するなどして処理量を減らすことで，いかにミスを防ぐかが重要である。

2　有効数字に基づいた計算

　有効数字が与えられているものは，ケタ数に注意しよう。ケタ数の多い数値は有効数字を決めて概算で求めることで解答が導けるものもある。ほとんどの場合，有効ケタ数を３ケタとして扱えば，選択肢の正誤を判断するのに十分である。

3　指数の特徴と取り扱い方

　基準値 A に対する指数 I_A を 100 とすると，これと比較する数値 B に対応する指数 I_B は次の式で表される。

実数
人数，金額，生産量などの実際の数量。

割合
もとにする量に対して，ある量がどれだけを占めているかを表したもの。

$$割合＝\frac{比べる量}{もとにする量}$$

指数
基準を 100 としたときのある数の相対値。

有効数字
測定値や近似値などにおける意味のある数字のこと。

$$I_B = 100 \times \frac{B}{A}$$

たとえば，Aの値が80，Bの値が60のとき，Aを100とすると，Bの指数I_Bは，

$$I_B = 100 \times \frac{60}{80} = 75$$

となる。基準値が同じ指数どうしで比較することで，実数の大小を論ずることができるが，それぞれ異なる基準値の指数だけを比較しても，実数の大小を論ずることができないので注意が必要である（基準値の実数が与えられている場合などは，計算によって比較は可能である）。

異なる基準値の指数を使った実数の比較

$$B = A \times \frac{I_B}{100}$$

この式に指数，基準値の実数を当てはめれば，そのときの実数を求められるので，実数どうし比較すればよい。

4 構成比の取り扱い方

構成比とは全体量に対する部分量の割合である。指数と同様に，全体量が共通である場合は，構成比の比較によって実数の大小を論ずることができる。しかし，全体量が異なる場合は構成比のみでは実数の大小を論ずることはできない。

構成比

$$\text{構成比} = \frac{\text{部分量}}{\text{全体量}}$$

5 増加率の定義と計算方法

増加率とは，基準年の値に対する基準年から比較年にかけての増加量の割合である。時系列のデータを含む資料で利用することが多い。増加率は上昇率，伸び率などと呼び，増加率，減少率をまとめて増減率と呼ぶこともあるので注意して読み取る必要がある。

増加量（減少量）
基準年から比較年にかけた値の変化量。

増加率（減少率）
増加率

$$= \frac{\text{比較年の値} - \text{基準年の値}}{\text{基準年の値}}$$

$$= \frac{\text{比較年の値}}{\text{基準年の値}} - 1$$

と表せる。データが減少する場合はマイナスになるので絶対値を考える。

TRY! ▶ 過去問にチャレンジ

No.1 次の表から確実にいえるのはどれか。　　　　　　　　　　　【特別区】

水産加工品のうち食用加工品の生産量の推移（全国）

〔単位 t〕

区　　分	平成26年	27	28	29
ねり製品	531,982	530,137	514,397	505,116
冷凍食品	263,164	258,481	253,851	248,443
塩 蔵 品	191,121	184,655	171,171	166,340
塩 干 品	162,353	164,566	156,310	148,119
節 製 品	88,770	83,833	81,523	81,061

1　平成28年において，「ねり製品」の生産量の対前年減少量は，「冷凍食品」
のそれの3倍を上回っている。

2　平成26年から平成29年までの4年間の「ねり製品」の生産量の1年当
たりの平均は，52万 t を下回っている。

3　平成27年における「節製品」の生産量の対前年減少率は，6％を超えて
いる。

4　平成26年の「塩干品」の生産量を100としたときの平成29年のそれの
指数は，90を下回っている。

5　平成27年における「塩蔵品」の生産量に対する「節製品」の生産量の
比率は，平成29年におけるそれを上回っている。

正答と解説

° No.1 の解説

有効ケタ数を3ケタとして扱う。選択肢を1つずつ検討していく。

1 ◯ 正しい。平成28年の対前年減少量について,

ねり製品…530,000-514,000=16,000〔t〕

冷凍食品…258,000-254,000=4,000〔t〕

よって,16000÷4000=4〔倍〕なので,3倍を上回っている。

2 ✕ 4年間のねり製品の平均は,

(532,000+530,000+514,000+505,000)÷4=520,250〔t〕

よって,52万tを上回っている。

3 ✕ 平成27年の節製品の対前年減少量は,

88,800-83,800=5,000〔t〕

したがって,対前年減少率は,

$$\frac{5,000}{88,800} \times 100 ≒ 5.63〔\%〕$$

よって,6%を下回っている。

4 ✕ 平成26年の塩干品の生産量162,000を100としたとき,平成29年の生産量148,000を表す指数は,

$$100 \times \frac{148,000}{162,000} ≒ 91.4$$

よって,90を上回っている。

5 ✕ 塩蔵品に対する節製品の比率は,

平成27年… $\frac{83,800}{185,000} ≒ 0.453$ 平成29年… $\frac{81,100}{166,000} ≒ 0.489$

平成27年は平成29年を下回っている。

★★★

テーマ

05 グラフ

・実数のグラフから，増加率や構成比なども判断できる
　ようになろう。
・増加率の経年変化を表した折れ線グラフでは，折れ線
　の形状に惑わされないように注意しよう。

1 変量が実数のグラフ

折れ線グラフや棒
グラフなどがあるが，
変量が実数であるグ
ラフが与えられた場
合でも，増加率や構
成比なども判断できる
ようにしておこう。た

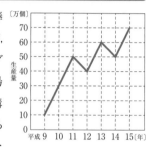

とえば，上の折れ線グラフでの対前年増加率は，

$$平成13年\cdots\frac{60-40}{40}=0.5$$

$$平成15年\cdots\frac{70-50}{50}=0.4$$

2 指数・構成比のグラフ

指数や構成比のグラフと全体量などから，各項
目の実数の比較を求められることが多い。計算方
法を素早く見抜くことが大切である。また，指数
を扱う場合には，基準値に注意して読み取る。

①**帯グラフ**：1本の棒の長さを100％とし，棒を
　区切ることで各項目の比率を視覚化する。

折れ線グラフ
時系列のデータに用い
られることが多い。
変量の推移を可視化で
きるのが特徴。

棒グラフ
縦棒グラフと横棒グラ
フがある。棒の長さで
数値を視覚化する。1
本の棒を項目ごとに色
分けする場合もある。

構成比をグラフで
表すときは，通常
は帯グラフが用い
られます。

②**円グラフ**：円全体を 100％とし，円を分割する
 ことで各項目の比率を視覚化する。

③**三角図表**：正三角形
 の各辺を 100％とし，
 内部の点が表す比率
 を読み取る。たとえ
 ば，右の図において，
 点Ｐの構成比は，

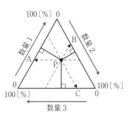

　　数量１の構成比→点Ａの目盛り

　　数量２の構成比→点Ｂの目盛り

　　数量３の構成比→点Ｃの目盛り

と読み取る。これら３つの目盛りの数値の和
は，常に 100 である。

3 増減率のグラフ

　時系列の増加率を表したグラフから実数や指数
の推移を判断するとき，増加率の値の正負に注目
する。増加率の値が負のとき，増加量の値は負と
なるので，実数は減少している。

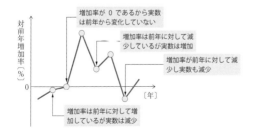

円グラフ

構成比＝$\dfrac{\text{中心角}}{360°}$

となるので，たとえば，
構成比が 25％の項目
は，

$0.25 = \dfrac{\text{中心角}}{360°}$

両辺に 360 をかけて，
中心角＝90°
と求めることができ
る。

三角図表
「正三角形の内部の，
ある１点から各辺に下
ろした垂線の長さの和
は，正三角形の高さに
等しい」ことを利用し
たグラフ。垂線の長さ
を各辺に対応させてい
る。

増加率

増加率＝$\dfrac{\text{増加量}}{\text{基準年の値}}$

※増加量＝比較年の値
　　　　－基準年の値

実数や指数の推移傾向
折れ線の形状に惑わさ
れないことが大切であ
る。

No. 1 次の表は，わが国の一般会計歳入総額の推移を示したものである。また，次の図は，一般会計歳入総額の内訳の推移を示したものである。この表と図からいえることとして，最も妥当なのはどれか。

【警視庁】

〔単位：億円〕

	平成12年度	平成17年度	平成22年度	平成27年度
一般会計歳入総額	849,871	821,829	922,992	963,420

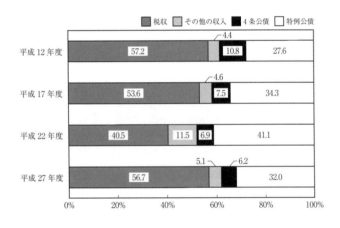

1 平成12年度のその他の収入は，4兆円を超えている。

2 平成17年度の特例公債発行額は，平成27年度のそれより大きい。

3 平成22年度の4条公債発行額は，平成17年度のそれより10%以上減少している。

4 平成27年度の税収は，平成12年度の特例公債発行額の2倍を超えている。

5 4条公債発行額と特例公債発行額の合計額は，いずれの年度も40兆円を下回っている。

正答と解説

No.1 の解説

有効ケタ数を3ケタとして扱う。選択肢を1つずつ検討していく。

1 ✘ 平成12年度のその他の収入は，一般会計歳入総額の4.4%なので

$$850,000 \times \frac{4.4}{100} = 37,400 \text{(億円)}$$

よって，4兆円を下回っている。

2 ✘ 平成17年度と平成27年度の特例公債発行額は，

$$\text{H17}\cdots 822,000 \times \frac{34.3}{100} = 281,946 \quad \text{H27}\cdots 963,000 \times \frac{32.0}{100} = 308,160$$

よって，平成27年度のほうが大きい。

3 ✘ 平成22年度と平成17年度の4条公債発行額は，

$$\text{H22}\cdots 923,000 \times \frac{6.9}{100} = 63,687 \quad \text{H17}\cdots 822,000 \times \frac{7.5}{100} = 61,650$$

よって，平成22年度は平成17年度より増加している。増加率は，

$$100 \times \frac{63,700 - 61,700}{61,700} ≒ 3.24 \text{(%)}$$

4 ◯ 正しい。平成27年度の税収は，$963,000 \times \frac{56.7}{100} = 546,021 \text{(億円)}$

平成12年度の特例公債発行額は，$850,000 \times \frac{27.6}{100} = 234,600 \text{(億円)}$

よって，2倍を超えている。

5 ✘ 4条公債発行額と特例公債発行額の合計は，平成12年度から順に，
38.4%, 41.8%, 48.0%, 38.2%である。最も割合の高い平成22年度は，

$$923,000 \times \frac{48}{100} = 443,040 \text{(億円)}$$

40兆円を上回っている。

編集協力	エディット
本文組版	中央制作社
カバーデザイン	cycledesign
イラスト	アキワシンヤ

●本書の内容に関するお問合せについて

　本書の内容に誤りと思われるところがありましたら，まずは小社ブックスサイト（jitsumu.hondana.jp）中の本書ページ内にある正誤表・訂正表をご確認ください。正誤表・訂正表がない場合や訂正表に該当箇所が掲載されていない場合は，書名，発行年月日，お客様の名前・連絡先，該当箇所のページ番号と具体的な誤りの内容・理由等をご記入のうえ，郵便，FAX，メールにてお問合せください。

　〒163-8671　東京都新宿区新宿1-1-12　実務教育出版　第二編集部問合せ窓口
　FAX：03-5369-2237　　E-mail：jitsumu_2hen@jitsumu.co.jp

【ご注意】
※電話でのお問合せは，一切受け付けておりません。
※内容の正誤以外のお問合せ（詳しい解説・受験指導のご要望等）には対応できません。

公務員試験［高卒程度・社会人］

らくらく総まとめ　判断・数的推理

2021年9月10日　初版第1刷発行　　　　　　　　　　〈検印省略〉

編　者	資格試験研究会
発行者	小山隆之

発行所	株式会社　実務教育出版
	〒163-8671　東京都新宿区新宿1-1-12
	TEL　編集03-3355-1812　　販売03-3355-1951
	振替　00160-0-78270

印　刷	精興社
製　本	ブックアート